ADAC

Südengland

von Robert Möginger

10 **ADAC Top Tipps**

Das müssen Sie gesehen haben! Die zehn Top Tipps bringen Sie zu den absoluten Highlights.

25 **ADAC Empfehlungen**

Unterwegs gut beraten: Diese 25 ausgesuchten Empfehlungen machen Ihren Urlaub perfekt.

Preise für ein DZ mit Frühstück:
€ | bis 90 £ (105 €)
€€ | bis 130 £ (150 €)
€€€ | ab 130 £ (150 €)

Preise für ein Hauptgericht:
€ | bis 13 £ (15 €)
€€ | bis 22 £ (25 €)
€€€ | ab 22 £ (25 €)

Intro

ADAC Quickfinder

Hier finden Sie die Orte, Sehenswürdigkeiten und Attraktionen, die perfekt zu Ihnen passen.

Unterwegs

Service

Alle wichtigen reisepraktischen Informationen – von der Anreise über Notrufnummern bis hin zu den Zollbestimmungen.

Zu diesen Orten und Sehenswürdigkeiten finden Sie Detailkarten im Innenteil des Reiseführers.

Umschlag:

1 **ADAC Top Tipps:** Vordere Umschlagklappe, innen 1
1 **ADAC Empfehlungen:** Hintere Umschlagklappe, innen 2

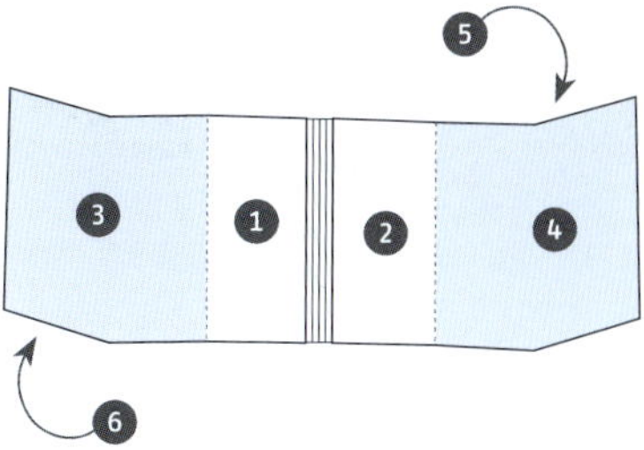

Übersichtskarte Südengland West: Vordere Umschlagklappe, innen 3
Übersichtskarte Südengland Ost: Hintere Umschlagklappe, innen 4
Stadtplan Bristol: Hintere Umschlagklappe, außen 5
Ein Tag in Bristol: Vordere Umschlagklappe, außen 6

Britanniens gute Stube – mal skurril, mal gediegen

Gepflegte Gärten und raue See, Tradition und Moderne – eine Südenglandreise verspricht kontrastreiche Erlebnisse

Am Palace Pier im Seebad Brighton herrscht Volksfeststimmung

It's not fair! Nein, gerecht ist das wirklich nicht. So verschwenderisch haben Natur und 5000 Jahre Menschheitsgeschichte die Grafschaften zwischen Kent und Cornwall mit landschaftlichen Reizen und historischen Reichtümern bedacht, dass man anderswo in England mit einer Mischung aus ehrlicher Bewunderung und neidvoller Skepsis auf die Musterregion im Süden blickt. Tatsächlich scheint hier der Rasen noch grüner, das Meer blauer, Britannien noch britischer zu sein als im Rest des Königreichs – ist das nicht alles eine Spur zu schön, um wahr zu sein?

Vielfalt zwischen zwei Meeren

Allein diese Küsten zwischen Nordsee und Atlantik! Von den berühmten Weißen Klippen bei Dover über die weiten Strände der Jurassic Coast bis zu den mediterran wirkenden Felsbuchten Cornwalls und den karibisch blauen Gewässern der Scilly Islands. Ebenso abwechslungsreich sind die Städte und Ferienorte am Meer. Im äußersten Westen träumen Fischerstädtchen wie Mousehole mit windschiefem Fachwerk und kopfsteingepflasterten Gassen von besseren Zeiten, während in

Sussex und Kent die Spielhallen auf den Piers nostalgischer Seebäder um die Wette blinken und klimpern. Die Sommerfrische in Margate, Eastbourne oder Torquay gehörte für ganze Generationen britischer Stadtkinder zum Jahreslauf wie der Truthahn zu Weihnachten. Nach Jahrzehnten des stillen Niedergangs haben sich viele der ehrwürdigen Badeorte erholt und finden langsam zurück zum Glanz alter Tage. Überhaupt, ohne Traditionen und Rituale geht es hierzulande nicht. Das Picknick und stundenlange Cricket-Matches gehören dazu, Damenkränzchen in Weiß beim Bowlen auf perfekt manikürtem Grün, der Cream Tea am Nachmittag – immer mal wieder glaubt der Kontinentaleuropäer sämtliche Klischees vom irgendwie gestrigen und kauzigen Inselbewohner bestätigt. Splendid Isolation also, der Brexit eine logische Folge? Mag sein, einerseits. Andererseits zeigt sich gerade der Süden des Landes auch von seiner aufgeschlossenen Seite. Lange vorbei die Zeiten, als hungrigen Touris-

New Forest National Park, einst Jagdrevier der Könige (unten) – Fischfang in Mevagissey, Cornwall (ganz unten)

Cottages in Cornwall (oben) – Frische Scones mit »clotted cream« (Mitte) – Die Mitte des 18. Jh. wiederentdeckten Roman Baths in Bath (unten)

ten nur die Wahl zwischen fettigen Fish and Chips oder dem Standard-Inder in der High Street blieb. Fast überall wird inzwischen in Gastro-Pubs kreativ und doch regional-bodenständig gekocht. Designhotels und schicke B&Bs bieten Qualität und exzellenten Service für Individualreisende, was früher keine Selbstverständlichkeit war. Außerdem beeinflusst eine nimmermüde Kultur- und Clubszene heute von Brighton, Bristol oder Bournemouth aus ganz Europa. Und die Festivalbühnen in Glastonbury oder auf der Isle of Wight ziehen jedes Jahr Weltstars aus Rock, Pop und Jazz an.

Countryside aus dem Bilderbuch

A great day out, ein Tag an der frischen Luft, ist für englische Familien das Nonplusultra der Freizeitbeschäftigung. In keinem Land der Welt gibt es mehr öffentliche Wege für Fußgänger und Wanderer, 250 000 km sollen es im ganzen Königreich sein. Der reizvollste ist der Southwest Coast Path, der auf über 1000 km von Minehead bis Poole jede Klippe und jeden Strand erschließt, vorbildlich ausgeschildert und instand gehalten. Zumindest ein paar Etappen der großen Küstentour sollte sich der Besucher ins Reisetagebuch schreiben. Wem nach mehr Adrenalin zumute ist, der findet famose Surfreviere bei Newquay oder taucht im glasklaren Meer vor den Scilly Islands nach Schiffswracks.

Nationalparks wie die wilden Hochmoore Dartmoor und Exmoor, dazu die grünen Hügel der South Downs und der Eichenwald im New Forest sind fast naturbelassene Ziele im Hinterland, inklusive frei laufender Pferde, Ponys und Schafe.

Weitgehend unberührt von den Relikten der industriellen Revolution blieben die gewachsenen Kulturlandschaften, angefangen bei den frühzeitlichen Steinkreisen von Stonehenge und Avebury bis zu den fantastischen Gärten und Parks in Sissinghurst oder Glendurgan. Dass in Südengland alles so prächtig gedeiht, liegt sicher nicht nur am grünen Daumen der Engländer, sondern auch am überraschend ausgeglichenen Klima. Es ist nie zu kalt, nie zu warm und immer feucht genug. Dabei regnet es übrigens weniger als etwa in Norditalien, und es gibt so gut wie nie Frost. In Cornwall und Devon, an der »englischen Riviera«, gedeihen unter Einfluss des Golfstroms sogar ganzjährig Stachelpalmen und Bambusstauden.

Wer redet hier vom Wetter?

Und was, sollte es doch einmal richtig regnen? Der Brite selbst betrachtet Wetterphänomene eher pragmatisch. Wozu gibt es schließlich Gummistiefel

Die Küste Cornwalls zieht nicht nur Surfer magisch an

und Regenmäntel? Die Cloud Appreciation Society, also die »Gesellschaft der Wolkenfreunde«, hat nicht ganz zufällig ihren Sitz in der Grafschaft Somerset. Ihr Zweck, very british: Die Beobachtung und Dokumentation von Wolkenformen, die Freude an der vergänglichen Schönheit. Was ein guter Tag für den Strand ist, entscheidet übrigens hierzulande nicht unbedingt der Wetterbericht: Mit stillem Schaudern beäugt der Auswärtige etwa die Damen und Herren des 1860 gegründeten Brighton Swimming Club beim erfrischenden Bad im januargrauen Ärmelkanal. Für Menschen mit kontinentalem Temperaturempfinden gibt es drinnen erfreulicherweise ebenso Eindrucksvolles zu erleben. Schlösser und Paläste, von den Institutionen National Trust und English Heritage kenntnisreich präsentiert, belegen die Geschichte eines Landes, das seit 1066 keine Invasion mehr zu erdulden hatte. Auch großer Literatur begegnet man auf Schritt und Tritt: Jane Austen, Charles Dickens, Virginia Woolf und Agatha Christie lebten und schrieben in Englands Süden. Museen und Galerien überzeugen durch lebendige und zeitgemäße Präsentationen, viele sogar bei freiem Eintritt. Die großartigen

» *Unser England ist ein Garten, und solche Gärten werden nicht geschaffen, indem man einfach im Schatten sitzt und singt: Oh, wie schön!* «

Rudyard Kipling

Stonehenge – 5000 Jahre alte Monolithen in der Ebene von Wiltshire

Kathedralen von Canterbury, Salisbury oder Winchester definieren den Begriff der englischen Gotik. Immer grün und sogar im Winter warm ist es im Eden Project, einem überdachten tropischen Regenwald in Cornwall. Apropos wohltemperiert und feucht: Das Public House, kurz Pub, ist seit jeher der soziale Mittelpunkt im Dorf oder Stadtviertel, und die wohl gemütlichsten Pubs findet man im Süden Englands. Nirgends kommt man als Fremder leichter ins Gespräch, denn für einen geistreich-humorigen Austausch bei einem Glas Real Ale sind die Einheimischen eigentlich immer zu haben. Aus einem Abend am Tresen entwickeln sich nicht selten bleibende Reiseerlebnisse. »Don't be a stranger«, heißt es dann beim Abschied – »Lass von dir hören und komm bald wieder«!

Sprache *Englisch*

Währung *Pfund Sterling (£)*

Fläche *19 096 km² (South East England), 23 829 km² (South West England), das entspricht zusammen der Größe Dänemarks*

Einwohner *8,7 Mio. (South East England), 5,3 Mio. (South West England)*

Größte Stadt Südenglands *Bristol (435 000 Einw.)*

Tourismus *5,1 Mio. ausländische Besucher jährlich (South East England), 2,4 Mio. (South West England)*

Religion *60 % Christentum (vorwiegend Anglikanische Kirche), 25 % ohne Bekenntnis, 5 % Islam, 2 % Hinduismus, 8 % Sonstige*

Darin sind die Engländer Spitzenreiter *Fish and Chips essen (382 Mio. Portionen pro Jahr)*

Südenglische Exportschlager *Orangenmarmelade, Cheddar, Lavendelseife, Popmusik*

Berühmte Südengländer(innen) *Agatha Christie (Torquay), Charles Dickens (Portsmouth), Shaun das Schaf (Bristol)*

Wichtigste Vokabeln *»Lovely« (entzückend), »Cheers!« (heißt wahlweise Prosit, danke oder tschüss)*

Das will ich erleben

Aktivurlaub gefällig? Für Südengland könnte dieser Begriff erfunden worden sein. Es gibt so viel zu sehen, probieren und erleben, dass für jeden Geschmack etwas dabei ist. Natur und Landschaft spielen die Hauptrollen, aber auch Kultur, Kulinarik und englische Kuriositäten werden in Ihrem persönlichen Urlaubs-Drehbuch sicher nicht zu kurz kommen. Angesichts der zahllosen Möglichkeiten muss dennoch niemand in Freizeitstress verfallen: Es gibt kein Pflichtprogramm, und mit ein wenig Mut zur Lücke und britischer Gelassenheit kommt man unterwegs oft weiter als mit deutscher Gründlichkeit.

Natur hautnah

Vier Nationalparks und 13 »Areas of Outstanding Natural Beauty« (AONB) stehen in Südengland unter Schutz. Jedes dieser Gebiete ist schon ein Reiseziel für sich. Die raue Schönheit der Hochmoore von Dartmoor kontrastiert mit den lieblichen grünen Tälern der South Downs und den atemberaubenden Steilküsten bei Dover im Osten und in Cornwall im Südwesten.

Bildende Kunst

Künstler aller Epochen fühlten sich von den Landschaften Südenglands angezogen und inspiriert. Der Skulpturengarten von Barbara Hepworth fügt sich wie organisch gewachsen in die Landschaft ein. Der Graffiti-Picasso Banksy ist der größte Name in Bristols Street-Art-Szene und William Turner der Namensgeber von Margates neuem Museum mit Meerblick.

Staunen und Shoppen

Ausgefallene Mode findet sich im Bristol Cabot Circus. Landesweit präsent sind Charity Shops, die Gebrauchtes für einen guten Zweck verkaufen. Antiquitäten gibt es auf Dorfflohmärkten, aber auch in den Lanes von Brighton. Bio-Gemüse, Apfel-Cider und Eingemachtes bieten regionale Farmers' Markets, z. B. in Winchester.

Probieren und Genießen

Dass die englische Küche besser ist als ihr Ruf, hat sich inzwischen herumgesprochen. Über den Kreativkünsten junger Chefs sollte man die Klassiker nicht übersehen.

Geschichte zum Anfassen

England: Inselreich am Rande Europas, das die Weltgeschichte prägte. Kein Wunder, dass man auf Schritt und Tritt auf Historisches aus fünf Jahrtausenden stößt. Rätselhaft wirken die Relikte der Frühzeit in Stonehenge, wehrhaft die Schiffe und Festungen in Portsmouth und Dover.

Strände wie Sand am Meer

Zugegeben, richtig warm wird das Wasser leider nicht mal im Hochsommer. Dafür können es viele Strände Südenglands in puncto Länge (Chesil Beach), Lage und Sauberkeit (Blackpool Sands, Fistral Beach) locker mit dem Mittelmeer aufnehmen.

Grandiose Gärten

Der englische Landschaftsgarten ist eine Erfindung Südenglands aus dem 18. Jh.; zauberhaft verwildert wie in Heligan und doch kultiviert à la Lacock. Eindrucksvoll sind Heckenlabyrinthe wie in Longleat oder Hever.

Pomp und Pracht

Kaum sattsehen kann man sich an Herrenhäusern wie Petworth oder Highclere, mit denen sich der Geld- und Landadel verewigte. Noch eine Spur grandioser: die Refugien der Monarchen, Royal Pavilion und Osborne House.

Pub und Party

Wenn Engländerinnen und Engländer sich zum Feiern entschlossen haben, dann ist das durchaus ernst zu nehmen: Es wird laut und feuchtfröhlich. Am meisten los ist in den drei großen Bs: Brighton, Bristol, Bournemouth. Vor allem am Freitag- und Samstagabend bieten viele Pubs ab 20 Uhr für alle Altersgruppen Livemusik zum Mitsingen und Tanzen.

Britische Originale

Der Hang zu Skurrilem ist quasi Teil der nationalen DNA. Unterwegs gibt es immer wieder schöne Gelegenheiten, diese Eigenschaft bestätigt zu sehen, sei es im Altersheim für Esel, im Hexereimuseum von Boscastle oder während der schrulligen Cotswolds-Spiele.

Nostalgie auf Schienen

Für Freunde alter Eisenbahnen ist Südengland ein Muss. Die West Somerset Railway schnaubt durch die Postkartenlandschaft am Bristol Channel. Ein Unikum ist die Liliputbahn von Hythe nach Dungeness. Die perfekte Kombination aus Boot und Bahn bietet sich am River Dartmouth.

Unterwegs

Verschwiegene Buchten, bunte Fischerboote und reetgedeckte Cottages – Bilderbuchansichten wie diese sind an der Küste Cornwalls nicht nur auf der Lizard-Halbinsel Wirklichkeit

Diana

Der Osten: Kent und Sussex

Als Garten Englands gilt das Hinterland der Grafschaft Kent, während an der Küste, sobald die Sonne scheint, Ferienstimmung herrscht

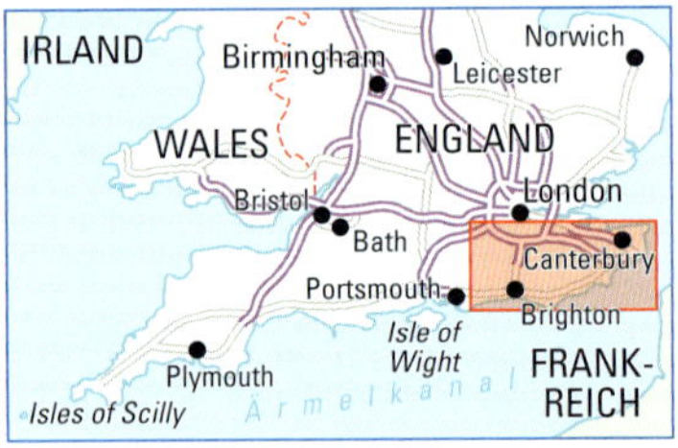

Für Londoner liegen die Strände von Margate bis Brighton quasi vor der Haustür. Entsprechend turbulent geht es in den Seebädern zu, wenn im Sommer die Städter ans Meer ausschwärmen, wild entschlossen zu Amüsement und Sonnenbrand. Abseits der Strände und der famosen Kreidefelsen ist allein schon das historische Canterbury eine eigene Reise wert. Wie sehr die Region die Geschichte des Königreichs prägte, lassen Märchenschlösser und Burgen im grünen Hinterland erahnen. Und den ganzen Reichtum Südenglands verkörpern aristokratische Herrenhäuser in Landschaftsparks und Obstgärten.

In diesem Kapitel:

ADAC Top Tipps:

1 Canterbury
| Altstadt |
Canterbury ist eine der ältesten Städte der Insel und ihr religiöses Zentrum. Die gotische Kathedrale gilt als »Petersdom der Anglikaner«. Dabei ist die Stimmung in den 2000 Jahre alten Gassen alles andere als museal. 26

2 Leeds Castle
| Schloss |
Bayern hat Neuschwanstein, Kent hat Leeds Castle. Das Lustschloss auf zwei Inselchen in einem künstlichen See wurde schon vom Tudor-König Henry VIII. genutzt. 31

3 Seven Sisters, Eastbourne
| Kreidefelsen |
Die Seven Sisters, markante Kreidefelsen, die sich in siebenfachem Auf und Ab an der Südküste erstrecken, stehen am häufigsten als Fotomotiv für Englands Süden. 39

4 **Brighton Palace Pier**
| Seebrücke |
Unter den 56 Seebrücken in England und Wales gilt Brighton Pier als das schönste Exemplar. Hier ist man auf dem Meer, ohne nass zu werden. 42

ADAC Empfehlungen:

1 **Secret Wartime Tunnels, Dover**
| Unterirdisches Gewölbe |
Der Burgberg von Dover ist löchrig wie ein Schweizer Käse. 18

2 **Dreamland, Margate**
| Vergnügungspark |
Phönix aus der Asche: Nach Renovierung begeistert das »Land der Träume« wieder die Besucher. 24

3 **The Goods Shed, Canterbury**
| Markt |
Eine appetitanregende Schau lokaler Produkte: Käse, Fleischwaren, Gemüse und Obst aus den Gärten Kents. 30

4 **The Whitstable Oyster Company**
| Restaurant |
Manche mögen's schlüpfrig: Die Whitstable-Auster gilt als eine der delikatesten ihrer Art. Hier kommt sie besonders frisch auf den Tisch. 31

5 **Airbourne, Eastbourne**
| Event |
Offene Münder und steife Nacken in Eastbourne: An vier Tagen im August richten sich hier alle Blicke gen Himmel. 39

6 **The Lanes, Brighton**
| Einkaufsstraße |
Läge Brighton im Orient, wären The Lanes der Basar der Stadt. Hier gibt es alles, von Klamotten bis Kitsch. 44

7 **Rye Windmill Hotel, Rye**
| Hotel |
Wohnen bei Müllers: Das B&B in einem der schönsten Städtchen von Sussex hat stilvolle Zimmer und wunderbare Gastgeber. 49

1 Dover

Seit Jahrhunderten zugleich Bollwerk und Eingangstor nach England

Information

■ Im Dover Museum, Market Square, Dover CT16 1PH, Tel. 01304/201066, www.whitecliffscountry.org.uk

»Dichter Nebel über dem Kanal, Kontinent abgeschnitten«, lautet jene legendäre Schlagzeile aus der »Times« von 1957. Je nach Sichtweise liegen zwischen dem Fährhafen von Dover (42000 Einw.) und Calais nur etwa 30 km Wasser oder eben doch ganze Welten. Fest steht, dass der Ärmelkanal an dieser schmalsten Stelle noch nie ein echtes Hindernis für die Menschen darstellte, denn schon in der Bronzezeit gab es regen Austausch von Waren und Ideen zwischen Festland und Insel, wie archäologische Funde im Dover Museum belegen. Nicht alle Neuankömmlinge waren (und sind) jedoch willkommen, auch dies wird erlebbar auf Dover Castle und in den unterirdischen Kasematten. Aufatmen lässt anschließend die frische Brise auf den berühmten Kreidefelsen, die schon von Frankreich aus zu sehen sind – sofern es keinen Nebel gibt, natürlich.

Sehenswert

Dover Castle

| Festung |

Unübersehbar thront die Burg über dem Hafen, wo schon zu römischer Zeit ein Leuchtturm und später ein sächsisches Kastell standen. Die heutige Anlage, die jedem Invasionsversuch widerstand, stammt aus dem 12. Jh. und wurde im Laufe der Zeit verstärkt. So entstanden aus Sorge vor einem Angriff Napoleons 1804 an den Western Heights weitere Befestigungen. Im 20. Jh. wurden zusätzliche Bunker errichtet, in denen die Bevölkerung vor feindlicher Artillerie und Bombardements Schutz fand. Über 3000 Mal wurde die Stadt im Zweiten Weltkrieg von der Wehrmacht direkt vom Festland aus beschossen, 216 Zivilisten kamen dabei ums Leben. Der Rundgang durch die imposanten, bis zu 7 m dicken Gemäuer mit einem 25 m hohen Bergfried führt durch verschiedene Themenausstellungen, etwa zur französischen Belagerung von 1216.

■ www.english-heritage.org.uk, nur Sa und So 10–16 Uhr, 20,90 £, Kinder 12,50 £

Secret Wartime Tunnels

| Unterirdisches Gewölbe |

1 *Einblicke in ein wenig bekanntes Kapitel des Zweiten Weltkriegs*

Es ist fast schon eine unterirdische Kleinstadt, die während der napoleonischen Kriege unter dem Burgberg angelegt wurde. Im Zweiten Weltkrieg nutzte die britische Armee die Gänge und Säle erneut, diesmal als Schutzbunker, Lazarett und Kommandozentrale für Winston Churchills »Operation Dynamo«, bei der 1940 über 300000

Gefällt Ihnen das?

Haben Sie eine Schwäche für den Untergrund? Dann sollten Sie sich nach dem Besuch der Secret Wartime Tunnels die **Underground Passages** in Exeter (S. 76) vormerken: Die Führung durch das mittelalterliche Kanalsystem ist eine Attraktion der besonderen Art.

Dover Castle trotzte in seiner langen Geschichte nicht nur den Franzosen

britische und französische Soldaten aus dem Kessel von Dünkirchen nach England evakuiert werden konnten.

■ Öffnungszeiten wie Dover Castle, Eintritt im Ticket für das Castle enthalten

Dover Museum

| Museum |

»Portus Dubris« lautete der lateinische Name für den Stützpunkt der römischen Kriegsflotte in Britannien. Das Stadtmuseum zeichnet die 2000-jährige Geschichte Dovers seit der Antike auf anschauliche Weise nach. Noch älter ist das bedeutendste Exponat: Das 10 m lange »Doverboot«, das 1992 bei Straßenarbeiten zufällig gefunden wurde, stammt aus der Bronzezeit und beweist, dass Menschen schon vor 3500 Jahren in der Lage waren, den Ärmelkanal mit seetüchtigen Gefährten planvoll zu überqueren.

■ Market Square, Tel. 013 04/20 10 66, www.dovermuseum.co.uk, Mo–Sa 9.30–17, So 10–15 Uhr, Okt.–März So geschl., Eintritt frei

The White Cliffs

| Kreidefelsen |

Heute gibt es Billigflieger und den Kanaltunnel, früher gab es nur den Seeweg – dabei waren die weißen Klippen das Erste, was Englandreisende zu sehen bekamen. Vermutlich geht der antike Name Britanniens, Albion (lat. »albus«, weiß), sogar auf diesen prägenden Anblick zurück. Shakespeare Cliff heißt die höchste Klippe, da die dramatische Klippenszene aus »King Lear« wohl hier spielte. Vom Visitor Centre des National Trust führt ein Pfad in 45 Min. zum South Foreland Lighthouse (Vorsicht: Nie zu nah an die Kante treten!) mit gigantischer Aussicht bis hinüber nach Frankreich.

■ März–Okt. tgl. 11–17.30 Uhr, 6 £, erm. 3 £

Restaurants

€ | Calcutta Port Von außen wenig einladend, dafür stimmen drinnen Qualität und Preis. Probieren Sie z. B. das Malaysian Fish Curry oder das

ADAC Wussten Sie schon?

Bis 2019 zählte die Channel Swimming Association (www.channelswimmingassociation.com) 2490 erfolgreiche **Ärmelkanalüberquerungen**. Am schnellsten schaffte die 32 km 1994 der US-Amerikaner Chad Hundeby in 7:17 Stunden, sein Landsmann Henry Sullivan brauchte 1923 fast 27 Stunden.

nordindische Nehari-Lamm. ■ 24 High Street, Tel. 01304/44 90 90, www.calcuttaport.co.uk, tgl. 12–21.30 Uhr

€€ | The White Horse Von außen strahlend weiß, innen gemütlich. Super Burger und englische Pub-Klassiker. An den Wänden verewigen sich traditionell die Kanalschwimmer. ■ St James St., Tel. 013 04/21 30 66, www.thewhitehorsedover.co.uk, tgl. 12–23 Uhr

In der Umgebung

Walmer Castle

| Festung |

Zwischen Dover und Deal liegt der festungsartige Wohnpalast des Gouverneurs der Cinque Ports (franz. »fünf Häfen«). Sandwich, Dover, Hythe, Romney und Hastings vereinten sich militärisch zur Landesverteidigung und genossen dafür Steuerprivilegien; zuletzt waren 14 Städte entlang des Kanals Mitglied des einflussreichen Bündnisses. Im 18. und 19. Jh. nahm Walmer Castle immer mehr den Charakter eines repräsentativen Herrenhauses an, dazu gehören auch die Parkanlage und die schlossartigen Gemächer, die der Duke of Wellington, siegreicher Feldherr von Waterloo, bis zu seinem Tod 1852 bewohnte.

■ Kingsdown Rd., Walmer, Tel. 013 04/36 42 88, www.english-heritage.org.uk, April–Sept. tgl. 10–18 Uhr, Okt.–März nur Sa/So 10–16 Uhr., 12,20 £, erm. 7,30 £

Deal Castle

| Burg |

55 v. Chr. betraten hier Julius Cäsars Truppen erstmals englischen Boden. Im Mittelalter war Deal ein wichtiger Militärhafen, an dessen Geschichte die mächtige Festungsanlage in Form der sechsblättrigen Tudor-Rose erinnert. Sie ist Teil einer 20 Burgen umfassenden Verteidigungslinie, die vor französischen und spanischen Invasionsversuchen schützen sollte (die freilich nie erfolgten …). Henry VIII. ließ die sechs bauchigen Bastionen 1539 in nur vier Jahren Bauzeit errichten, quasi als gemauertes Symbol der Herrschaft seiner Dynastie. Heute ist Deal (30 000 Einw.) ein freundlicher Badeort.

■ Marine Rd., Deal, Tel. 013 04/37 27 62, www.english-heritage.org.uk, tgl. April–Sept. tgl. 10–18, Okt.–März Mi–So, Nov.–Feb. Sa/So 10–16 Uhr; 7,60 £, erm. 4,60 £

Sandwich

| Altstadt |

Kaum zu glauben, dass das kleine Städtchen (4500 Einw.) am River Stout

ADAC Wussten Sie schon?

Selbst für britische Maßstäbe ein Kuriosum: Die Liliput-Bahn **Romney, Hythe & Dymchurch Railway** mit einer Spurbreite von 381 mm führt auf einer Länge von 21 km von Hythe über New Romney nach Dungeness durch die Küstenebene. *Tel. 017 97/36 23 53, www.rhdr.org.uk, Tagesticket 18,60 £, erm. 9,30 £*

im Mittelalter einer der bedeutendsten Häfen am Ärmelkanal war, zumal es nun 3 km landeinwärts liegt. Bevor die Docks versandeten, wimmelte es in den kopfsteingepflasterten Gassen von Händlern, Canterbury-Pilgern und Seeleuten. Heute sind es Tagesausflügler, die sich über die gut erhaltenen Fachwerkhäuser, ein paar urige Pubs und die weiße Windmühle am Ortsrand freuen und vor allem an Wochenenden für reichlich Betrieb sorgen. Fish and Chips, wie sie sein sollen, bekommen Sie hier am Quay bei Papa's The Deep Blue (www.papasthedeepblue.co.uk).

2 Broadstairs

Charles Dickens' Sommerfrische lockt nicht nur Literaturfans an den Strand

Information

■ Royal Albion Garden Kiosk, Victoria Promenade, Broadstairs CT10 1AN, Tel. 018 43/577 577, www.broadstairsinfokiosk.co.uk

Wo schon im 19. Jh. der englische Schriftsteller Charles Dickens (1812–70) Urlaub machte und seinen Roman »David Copperfield« vollendete, muss es einfach schön sein. So verbringen zahllose Londoner Familien ihre Sommerferien (oder zumindest ein paar Wochenenden) in dem viktorianisch geprägten Seebad auf der Halbinsel Thanet. Mit seinen engen Gassen und den typischen zweistöckigen Häusern aus dem 18. und 19. Jh. ist Broadstairs (25 000 Einw.) tatsächlich ein sehenswerter Küstenort mit angenehmem Flair, feinsandigem Hausstrand und einigen von weißen Klippen gesäumten Badebuchten in der Umgebung.

Im Blickpunkt

Lord Sandwich und sein Imbiss

Als Staatsminister und Lord der Admiralität war er wohl eine Fehlbesetzung: Der vierte Earl von Sandwich, John Montagu (1718–92), gilt unter Historikern als unfähig und korrupt; seine Entlassung vom Chefposten der Royal Navy wurde 1782 allgemein bejubelt. Nur die unbewohnten Sandwichinseln im einsamen Südatlantik erinnern noch an den erfolglosen Politiker. Seine Lordschaft hatte dafür andere Talente: So soll er beim Cribbage, einem typisch englischen Kartenspiel, ein echter Siegertyp gewesen sein. Weil Montagu oft stunden- und tagelang seiner Lieblingsbeschäftigung nachging, erfand er jene Zwischenmahlzeit, die heute jedermann kennt. Anfangs war es wohl einfach nur eine Scheibe Salzfleisch zwischen zwei Brotscheiben, inzwischen gibt es unzählige Varianten. Kein englisches Picknick wäre perfekt ohne Toastbrotscheiben mit Gurke, Ei, Kresse, manchmal auch Schinken oder Räucherlachs – Lord Sandwich sei Dank!

Sehenswert

Dickens House Museum
| Museum |
Das adrette Häuschen mit Holzbalkon und Meerblick diente dem Autor als Vorbild für das Heim von Miss Betsey Trotwood, der schrulligen Großtante von David Copperfield, einer typischen Dickens-Figur. Zu sehen gibt es u. a.

Im Dickens House in Broadstairs war Charles Dickens oft zu Gast

Schreibutensilien und Originalbriefe des Meisters, Stilmöbel und Kleider aus viktorianischer Zeit.

■ 2 Victoria Parade, www.dickensmuseum broadstairs.co.uk, April–Okt. tgl. 13–16.30, Juli/Aug. 10–17 Uhr, 3,75 £, erm. 2,10 £

Bleak House

| Herrenhaus |

Unübersehbar thront über der Viking Bay das Hotel Bleak House, das mit seinen Zinnen ein wenig an eine Burg erinnert. Von 1837 bis 1859 war das Haus im Besitz von Charles Dickens, hier verbrachte er die Sommerfrische und schrieb an seinen Klassikern »David Copperfield« und »Nicholas Nickleby«. Erst nach dem Tod des Schriftstellers wurde es ihm zu Ehren in Bleak House nach seinem gleichnamigen Gesellschaftsroman umbenannt. Dickens' Arbeitszimmer und ein kleines Schmuggler-Museum können besichtigt werden. Allerdings ist die Zukunft des Anwesens im Privatbesitz ungewiss, denn es steht zum Verkauf. Im Herbst 2019 wurde Bleak House als Yoga-Retreat genutzt – mal sehen, wie es weitergeht ...

■ Fort St., Tel. 018 43/86 53 38, www.bleakhousebroadstairs.co.uk

Botany Bay

| Strand |

Ein echter Hingucker für sonnige Tage ist die Bucht etwas nördlich des Zentrums von Broadstairs: Malerisch erodierte Kalksteinklippen bilden die Kulisse des bewachten Badestrands, der sich aufgrund des feinen Sands und des flachen Einstiegs auch gut für Familien mit Kindern eignet.

P Parken

Harbour Car Park, Harbour St., 10 £/Tag

Restaurants

€€ | Wyatt & Jones Hier bekommt man Qualität und guten Service, und zwar durchgehend, vom späten Frühstück bis zum Abendessen, mit Schwerpunkt auf Meeresfrüchten und Steaks. Schöner Meerblick. ■ 23–27 Harbour St., Tel. 018 43/86 51 26, www.wyattandjones.co.uk, Mi–Sa 9–22, So 9–16 Uhr

€€€ | Stark Ein »junger Wilder« am Kochtopf: Ben Crittenden serviert in seinem winzigen Lokal ein sechsgängiges Menü für 45 £ (zzgl. Getränke) voller außergewöhnlicher Ideen. Lassen Sie sich überraschen! ■ 1 Oscar Rd., Tel. 018 43/57 97 86, www.starkfoodco.uk, Mi–Sa 18–21.30 Uhr

In der Umgebung

Ramsgate Marina

| Jachthafen |

Broadstairs' südliche Nachbarstadt (37 000 Einw.) lebte lange Zeit gut als Fährhafen mit Verbindungen nach Oostende in Belgien, Vlissingen in den Niederlanden und ins französische Calais. Seit der Öffnung des Kanaltunnels wurden diese Verbindungen nach und nach eingestellt, sodass es um Ramsgate etwas ruhiger geworden ist, was Stammgäste durchaus zu schätzen wissen: Der breite Stadtstrand, Ramsgate Sands, ist im Sommer viel besucht.

Immer schön: Ein gemächlicher Bummel an der Marina entlang, dem größten Jachthafen Südenglands. Das Maritime Museum besitzt einen charakteristischen Uhrenturm (www.ramsgatemaritimemuseum.org, April–Sept. Di–So 10–17 Uhr, 2 £, erm. 1 £), hier wird die Geschichte des Hafens lebendig.

3 Margate

Seebad im Wandel zwischen Nostalgie und Aufbruch

Information

■ The Droit House, Stone Pier, Margate CT9 1JD, Tel. 018 43/57 75 77, www.visitthanet.co.uk

Kein Zweifel, Margate hat bessere Zeiten erlebt. Schäbige Hochhäuser und wenig einladende Randbezirke stehen für Jahre der Vernachlässigung. Der historische Pier stürzte schon 1978 ein und wurde nicht mehr ersetzt. Dabei gilt die Stadt (60 000 Einw.) als Ur-Seebad Englands: Hier erfand um 1760 der fromme Quäker Benjamin Beale die Badekarre, ein von Pferden oder Ponys gezogenes Vehikel, mit dem die sittsame Dame vor männlichen Blicken geschützt ins Meer gelangte.

Mit der Eisenbahn aus London überschwemmten später wahre Horden von Arbeiterfamilien Margate, das quasi zum ersten Billig-Reiseziel avancierte. Der Abstieg begann in den 1970er-Jahren, als sich der Massentourismus in Richtung Mittelmeer verlagerte. Inzwischen definieren junge Zugereiste und eine wachsende Künstlerszene das alte Margate neu, und was bis gestern noch als angestaubt und spießig galt, wird heute als hip und angesagt gefeiert.

Sehenswert

Margate Old Town

| Altstadt |

Das Dreieck aus breitem Stadtstrand, Gezeitenhafen und viktorianischem Uhrturm bildet das Zentrum am Meer.

Dahinter liegt etwas versteckt zwischen King Street und New Street die überschaubare Altstadt, die lange unter Geschäftsaufgaben und allgemeiner Verwahrlosung litt. Nun haben sich mit Unterstützung der Stadtverwaltung wieder einige junge Unternehmer gefunden, die mit Liebe zum Detail Vintagemode-Boutiquen, Kuriositätenläden und Cafés im Retro-Look eröffnet haben und so dem tot geglaubten Seebad neues Leben einhauchen.

Margate Museum

| Museum |

Die Sammlung im ehemaligen Polizeirevier aus viktorianischer Zeit dokumentiert anschaulich den Wandel des Fischerstädtchens im 18. Jh. zu einem der bedeutendsten Seebäder seiner Zeit. Zu sehen gibt es Großmutters (und -vaters) Badeanzüge, Souvenirs und Postkarten sowie Fotos aus der Frühzeit des Tourismus, als der inzwischen verschwundene Pier von Margate die Massen begeisterte. Dem Museum angeschlossen ist das Tudor House (King Street), das älteste Gebäude der Stadt aus dem 16. Jh.

■ Market Place, Tel. 018 43/23 12 13, www.margatemuseum.org, Mai–Sept. Mi, Sa, So 11–17, sonst Sa, So 11–16 Uhr, 2 £, Kinder frei

Turner Contemporary

| Museum |

Landschaften und vor allem Seestücke sind die Motive, mit denen William Turner (1775–1851) zum einflussreichsten Maler der englischen Romantik und zum Vorreiter des Impressionismus wurde. Die 2011 vom Stararchitekten David Chipperfield konzipierte Kunstgalerie wird dem großen Namen vollauf gerecht, denn wie Turners Bilder lebt der postmoderne Bau von den Lichtstimmungen und der Atmosphäre direkt am Meer. Zu sehen sind Wechselausstellungen zeitgenössischer Künstler, gelegentlich auch von Lokalmatadorin Tracey Emin, geboren 1963 in Margate. Das angeschlossene Café serviert sehr gute regionale Gerichte.

■ The Parade, www.turnercontemporary.org, Di–So 10–18 Uhr, Eintritt frei

Dreamland

| Vergnügungspark |

2 *Der Themenpark aus den Kinderjahren eines Seebads*

Ganz in der Tradition des alten Margate steht der Amüsierpark aus den 1920er-Jahren, der lange Jahre geschlossen war und zusehends verfiel. 2015 fand sich endlich ein Investor, der den Park renovieren und wieder betreiben wollte – leider führte der erste Versuch geradewegs in die Insolvenz, sodass 2017 ein zweiter Versuch gestartet wurde. Den besonderen Charme des »Traumlands« machen so herrlich nostalgische Fahrgeschäfte wie die Holzachterbahn »Scenic Railway« oder das Teetassen-Karussell aus. Popkonzerte und andere Events sorgen auch im Winter für Umsatz – das Konzept scheint aufzugehen.

■ 49–51 Marine Terrace, Tel. 018 43/29 58 87, www.dreamland.co.uk, im Sommer tgl. 11–18 Uhr, im Frühjahr und Herbst Sa, So 11–18 Uhr, 12 £, erm. 8,25 £

Shell Grotto

| Grotte |

Wer, wann, warum? Eine der kuriosesten Sehenswürdigkeiten Englands: Weder weiß man, wie alt die Mosaiken an den Wänden der verwinkelten Höhle sind, noch wessen Idee es war, dafür jene 4,6 Millionen Muscheln zu sam-

Das Turner Contemporary in Margate widmet sich zeitgenössischer Kunst

meln und sie auf 190 m² Fläche anzubringen. Entdeckt wurde die Grotte 1835 von spielenden Kindern. Erklärungsversuche reichen vom prähistorischen Tempel für eine Naturgottheit über den Freimaurertreffpunkt bis zum geheimen Liebesnest eines gelangweilten reichen Privatiers. Am besten staunt man still und akzeptiert einfach das Mysterium.

■ Grotto Hill, Tel. 018 43/22 00 08, www.shellgrotto.co.uk, tgl. 10–17, im Winter 11–16 Uhr, 4 £, erm. 2 £

Restaurants

€€ | Mullins Brasserie Jamaikanisch-britische Fusion mitten in Old Town, preiswert und sehr lecker. Werktags gibt es dreigängige Abendmenüs ab 16,95 £. ■ 6 Market Place, Tel. 018 43/ 29 56 03, www.mullinsbrasserie.co.uk, Mo–Sa 12–15, 18–21 Uhr

Cafés

The Bus Café Egal ob Frühstück, Lunch oder Street Food, alles kommt in bester Qualität, serviert in einem feuerroten Doppeldeckerbus von 1980. Probieren Sie das köstliche pikante »Pulled chicken Peri-Peri« in der Lunchbox! ■ The Sun Deck, Royal Crescent Promenade, Tel. 079 36/07 67 37, www.thebuscafe.co.uk, tgl. 9–18 Uhr

Einkaufen

The Old Kent Market Typisch für das neue »alte Margate«: Das ehemalige Lichtspieltheater wurde umfunktioniert und ist inzwischen zu einer quirligen Markthalle mit einer Reihe von Souvenirständen, Boutiquen und Multi-Kulti-Imbissbuden geworden. ■ 8 Fort Hill, derzeit nur Facebook, keine Homepage

4 Canterbury

Als geistliches Zentrum der Anglikaner das Rom Englands

Im Mittelalter war die Stadt am River Stour ein bedeutender Wallfahrtsort

Information

- The Beaney House, 18 High St., Canterbury CT1 2RA, Tel. 01227/826162, www.canterbury.co.uk
- Parken: siehe S. 30

1 *Canterburys Altstadt ist eine der schönsten Englands*

Der Sage nach soll die Stadt am River Stour bereits 900 v. Chr. gegründet worden sein. Die Römer nannten sie Durovernum Cantiacorum nach dem in der Gegend ansässigen Stamm der Cantii, auf die wiederum der Name Grafschaft Kent zurückgeht. Auf die Römer folgten ab dem 5. Jh. die Sachsen, die der päpstliche Missionar Augustinus zum Christentum bekehrte. Als »Apostel der Angelsachsen« wurde er im 6. Jh. zum ersten Erzbischof von Canterbury ernannt.

Wallfahrer aus dem ganzen Königreich und vom Kontinent strömten im Mittelalter zur grandiosen Kathedrale von Canterbury, nachdem der dort 1170 von Gefolgsleuten des Königs ermordete Erzbischof Thomas Becket heilig gesprochen worden war. Seit der Gründung der Anglikanischen Kirche durch Henry VIII. ist der Erzbischof das geistliche Oberhaupt Großbritanniens, das auch die Könige krönt – somit gilt

Plan
S. 28

Canterbury quasi als das Rom der Anglikaner.

Im Zweiten Weltkrieg verwüsteten deutsche Bomber 1942 das Zentrum während des sogenannten »Baedeker Blitz«, also bei der gezielten Attacke auf historisch bedeutsame Orte. Die Kathedrale blieb weitgehend unbeschädigt, die Altstadt wurde detailgenau wieder aufgebaut.

Heute ist Canterbury (55 000 Einw.) eine höchst lebendige und viel besuchte Stadt mit studentischem Flair. Hinter Fachwerkfassaden und Butzenscheiben im Tudor-Stil verbergen sich lässige Gastro-Pubs, Bars und angesagte Boutiquen.

Sehenswert

1 Canterbury Cathedral

| Kathedrale |

Vom Early English des 11. Jh. bis zum Perpendicular Style im 15. Jh. weist der Sakralbau aufgrund seiner 600-jährigen Baugeschichte ab 1067 sämtliche Spielarten englischer Gotik in Vollendung auf. Die schieren Ausmaße der Kathedrale sind überwältigend: 75 m hoch ist der Vierungsturm »Bell Harry«. Die Fächerornamente im Turmgewölbe gelten als Höhepunkt der Spätgotik. Den Innenraum dominieren Säulen und Rundbögen, das durch das farbige Bleiglas der Fenster verwandelte Tageslicht erzeugt eine ganz besondere Atmosphäre. In der Trinity Chapel (Dreifaltigkeitskapelle) erinnern ein modernes Bronzekreuz mit zwei stilisierten Schwertern sowie das mittelalterliche Becket-Fenster an den 1170 an gleicher Stelle ermordeten Heiligen. Noch auf den romanischen Vorgängerbau geht die Krypta zurück, während der wunderbar harmonische Kreuzgang aus dem 15. Jh. stammt.

■ The Precincts, www.canterbury-cathedral.org, Mo–Sa 9–17.30 (im Winter bis 17 Uhr), So 12.30–14.30 Uhr, 12,50 £, erm. 8,50 £, Führungen Mo–Fr 10.30, 12 und 14 Uhr, zzgl. 5 £, erm. 4 £

ADAC Wussten Sie schon?

Die Altstadt von Canterbury ist so übersichtlich, dass sich alle Sehenswürdigkeiten problemlos **zu Fuß** erreichen lassen.

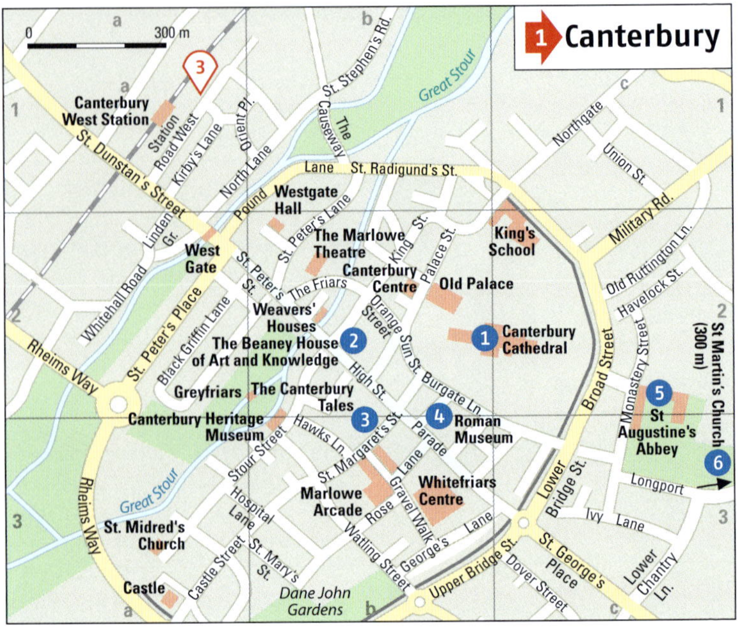

2 The Beaney House of Art and Knowledge

| Museum |

Hier ist immer etwas los: aktuelle Fotokunst, Gemälde und Plastiken regionaler Künstler, dazu archäologische Funde aus verschiedenen Epochen, lehrreiche Veranstaltungen aller Art – ein Kulturtreffpunkt, den Einheimische und Touristen gleichermaßen schätzen.

■ 18 High St., Tel. 012 27/86 21 62, www.canterburymuseums.co.uk/beaney, Di–Sa 10–17, So 12–17 Uhr, Eintritt frei

3 The Canterbury Tales

| Museum |

Geoffrey Chaucer (1340–1400) schuf mit seinem fragmentarischen Versepos eine Art Porträt der Gesellschaft im 14. Jh., indem er Canterbury-Pilger unterschiedlichster Herkunft zu Wort kommen lässt. So lebendig, teils auch derb und frivol, erzählen die Protagonisten von der Nonne bis zum Ritter ihre episodenhaften Geschichten zum Zeitvertreib der Mitreisenden, dass das Werk in der Tradition von Bocaccios »Decamerone« bis heute nichts von seiner Faszination verloren hat. Der 45-minütige Rundgang durch das Museum ist eine kleine Zeitreise ins Mittelalter, komplett mit animierten Figuren und lebensechten Szenerien aus den bekanntesten Kapiteln aus Chaucers Feder.

■ St Margaret's St., Tel. 012 27/69 60 02, www.canterburytales.org.uk, April–Aug. tgl. 10–17, Sept., Okt. 10–16, Nov.–März Mi–So 10–16 Uhr, 10,95 £, erm. 8,95 £

4 Roman Museum

| Museum |

Das Untergeschoss eines Stadthauses, damals auf Straßenniveau der antiken Stadt gelegen, beherbergt die eindrucksvolle Sammlung von Grabungsfunden aus römischer Zeit. Eine Computeranimation zeigt sehr anschaulich, wie der Alltag der Menschen in der Antike ausgesehen haben könnte. Besonders schön: Der originale, gut erhaltene Mosaikboden aus der »guten Stube« eines wohlhabenden römisch-britischen Hauses.

■ Butchery Lane, Tel. 01227/785575, www.canterburymuseums.co.uk/romanmuseum, tgl. 10–17 Uhr, 9 £, Kinder frei

5 St Augustine's Abbey

| Klosterruine |

Wie so viele Klöster Englands fiel auch die Abtei des Heiligen Augustinus von Canterbury (gegründet 598) der Zerstörungswut im Zuge der englischen Reformation zum Opfer. Mit den konfiszierten Reichtümern der Kleriker finanzierte Henry VIII. Festungsbauten und die Aufrüstung seiner Marine. Von den frühmittelalterlichen Bauten erinnern nur noch die pittoresk verfallenen Grundmauern an die einstige Bedeutung des Klosters, das als Grablege für Könige und Bischöfe in ganz England bekannt war. Eine Ausstellung informiert darüber, wie der Komplex zu seiner Blütezeit ausgesehen haben mag. Neuerdings kann man sogar mit Virtual-Reality-Brillen durch die Gemäuer wandeln.

■ Longport, www.english-heritage.org.uk, April–Sept. tgl. 10–18, Okt. 10–17, Nov.–März Sa, So 10–17 Uhr, 7,20 £, erm. 4,30 £

6 St Martin's Church

| Kirche |

Das Kirchlein mag zwar im Vergleich zur Kathedrale winzig und unbedeutend erscheinen, zählt aber wie die große Schwester zum UNESCO-Kulturerbe der Menschheit. Tatsächlich handelt es sich bei der Pfarrkirche südöstlich des Stadtzentrums um das älteste christliche Gotteshaus der gesamten englischsprachigen Welt. Sie entstand im späten 6. Jh – für den Bau des Chors fanden sogar noch römische Ziegel Verwendung.

■ North Holmes Rd., www.martinpaul.org, Di, Do–Sa 11–15, So 9.45–10.30 Uhr, Eintritt frei

Im Blickpunkt

Fish and Chips – einfach köstlich

Der Fisch: außen kross, goldgelb und nie zu fettig, innen saftig und grätenfrei. Die Fritten: dick geschnitten, frisch und heiß, mit intensivem Kartoffelaroma. Das klingt köstlich und simpel, ist aber längst nicht überall gleich lecker. Immerhin 10500 Lokale zählt die National Federation of Fish Friers (NFF), der Verband der Fischfrittierer – wo also schmeckt es am besten? Fragen Sie einfach Einheimische nach ihrem Lieblings-»chippy«, damit liegen Sie immer richtig. In die Box (oder auf den Teller) kommt meist Kabeljau (engl. »cod«), manchmal Schellfisch (»haddock«) oder Scholle (»plaice«). Ihr Spezialrezept für den Bier-Backteig (»batter«) halten manche Küchenchefs so geheim wie die Royals ihre Telefonnummer. Großzügiger ist man mit dem Malzessig, der gern auf Fisch und Fritten geträufelt wird. Stilecht gibt's dazu einen Becher Tee, etwas Sauce Tartare und einen Klecks Erbsenpüree (»mushy peas«) – der gesunden Farbe wegen. Enjoy!

Parken

Longport Car Park ■ Longport, 1,70 £/Std. 24 Std. 16,80 £, Plan S. 28 c3

Restaurants

€€ | The Corner House Fleisch, Fisch und Vegetarisches in gemütlichem Rahmen. ■ 1 Dover Street, Tel. 012 27/78 07 93, www.cornerhouserestaurants.co.uk, tgl. 12–14.30, 17.30–21.30 Uhr, Plan S. 28 c3

€€ | Tamago Viel besuchtes japanisches Restaurant, das neben leckeren Nudelsuppen und Teriyaki-Hühnchen auch appetitliche Bento-Boxen auftischt. ■ 64 Northgate, Tel. 012 27/63 45 37, www.tamago.restaurant, Mo–Fr 17–21.30, Sa auch 12–15, So nur 12–16 Uhr, Plan S. 28 c1

Einkaufen

The Fudge Kitchen Himmlische Toffees in allen möglichen Varianten. Bei der Herstellung kann man zusehen. ■ 16 Sun St, Tel. 012 27/47 93 99, www.fudgekitchen.co.uk, Plan S. 28 a1

3 **The Goods Shed** Wer noch keinen Hunger hat, bekommt ihn hier: Toller Bauernmarkt mit ausschließlich regionalem Angebot im ehemaligen Bahnhofssaal. Auch sehr gutes Restaurant. ■ Station Rd. West, Tel. 012 27/45 91 53, www.thegoodsshed.co.uk, Plan S. 28 b2

Kinder

Roman Museum (S. 28) Fast wie Asterix bei den Briten: Kinder können römische Helme und Brustpanzer anprobieren und sich als Legionäre fotografieren lassen. ■ Plan S. 28 b3

Erlebnisse

Stadtführungen Tgl. um 14 Uhr (Im Sommer auch um 11 Uhr) startet eine Führung am Visitor's Centre. Die Canterbury Ghost Tour beginnt Fr, Sa jeweils um 20 Uhr. ■ Stadtführung: 90 Min., 7,50 £, erm. 7 £, Plan S. 28 b2; Treffpunkt Canterbury Ghost Tour: vor Alberry's Wine Bar, 38 St Margaret's St., Tel. 08 45/519 02 67, www.canterburyghosttour.com, rund 1 Std., 10 £, erm. 8,50 £, Plan S. 28 b3

5 Whitstable

Für Gourmets sind die Austern Grund genug für einen kurzen Ausflug

Auf den ersten Blick eine kleine Küstenstadt wie viele andere in England mit einem breiten Sandstrand (West Beach) und einem romantischen Castle, aber eine Besonderheit gibt es doch: die Austernbänke, für die Whitstable seit Jahrhunderten bekannt ist. Einige Restaurants an der Uferpromenade servieren die qualitativ als besonders hochwertig geschätzten Whitstable Oysters frisch aus dem Meer.

Sehenswert

Whitstable Castle and Gardens
| Herrenhaus |
Kein Schloss, sondern der Landsitz einer wohlhabenden Familie aus dem 18. Jh., aber dennoch ein sehenswerter Bau mit einem stilvollen Tearoom in der Orangerie, dazu ein schön angelegter Park zum Spazierengehen.
■ 15 Tower Hill, Tel. 012 27/28 17 26, www.whitstablecastle.co.uk, tgl. 10–17 Uhr, Eintritt frei, Afternoon Tea 20 £ (nach Anmeldung)

Ins Küstenstädtchen Whitstable kommen Besucher nicht nur zum Austernessen

Restaurants

4 **€€ | The Whitstable Oyster Company** Das gemütliche Restaurant serviert Fisch und Meeresfrüchte. Hoch im Kurs stehen hier natürlich die berühmten Whitstable-Austern. ■ Horsebridge, Tel. 012 27/ 27 68 56, www.whitstableoystercompany.com, Mo–Fr 12–14.30, 18.30–21, Sa, So 12–21 Uhr

6 Leeds Castle

2 *Ein Wasserschloss für Königinnen und schwarze Schwäne*

Information

■ Leeds Castle, Maidstone ME17 1 PL, Tel. 016 22/76 54 00, www.leeds-castle.com, 26 £, erm. 17,50 £

Romantischer geht's kaum: Das fast komplett von Wasser umgebene, 900 Jahre alte Lustschloss befand sich bis 1522 in Besitz der Krone und war die Lieblingsresidenz englischer Königinnen wie Johanna von Navarra und Katharina von Valois. Die Hauptattraktion des Anwesens sind die weitläufigen Gärten mit dem klassischen Heckenlabyrinth, einem großen Kinderspielplatz, einer Falknerei und dem angeschlossenen Golfplatz.

Die Maskottchen von Leeds Castle sind die schwarzen Schwäne, die den See am Schloss bevölkern. Das kuriose Museum für Hundehalsbänder (Dog Collar Museum) ist hingegen wohl eher etwas für Hundenarren. Mit diversen Veranstaltungen und Tagungen versucht die Betreiberstiftung, die laufenden Kosten des Schlosses zu decken.

7 Royal Tunbridge Wells

Heilendes Wasser und rundherum fruchtbares Gartenland

Information

■ The Corn Exchange, The Pantiles, Royal Tunbridge Wells TN2 5TE, Tel. 018 92/ 51 56 75, www.visittunbridgewells.com

Für stadtmüde Londoner sind die sanften Hügel und lichten Wälder des High Weald seit jeher ein bevorzugtes Erholungsgebiet. Hier wird Hopfen angebaut, Obstplantagen und sogar Weinberge sind Teil der traditionsreichen Kulturlandschaft. Mittendrin liegt Tunbridge Wells (45 000 Einw.), das im 18. Jh. dank einer eisenhaltigen Mineralquelle zum schicken Kurbad der besseren Gesellschaft avancierte. König Edward VII. verlieh ihm 1909 den offiziellen Beinamen »Royal«, der im Alltagsgebrauch jedoch meist ignoriert wird. Zwar stand Tunbridge Wells stets im Schatten des großen Konkurrenten Bath, profitierte aber gleichzeitig von der Nähe zu London. Die Eleganz der »guten alten Zeit« lässt sich im historischen Zentrum bis heute nachvollziehen. Im grünen Umland der Partnerstadt Wiesbadens liegen außerdem einige der schönsten Herrenhäuser und Parkanlagen der Grafschaft Kent, die nicht ohne Grund als »Garten Englands« gilt.

Sehenswert

The Pantiles

| Flaniermeile |

Alles in Tunbridge Wells dreht sich um die famose Flaniermeile aus dem 17. Jh.: Pantiles (»Pfannenziegel«) nannte man die holländischen Zierkacheln, mit denen das Trottoir der 200 m langen Prachtstraße einst gepflastert war. Heute liegen hier eher profane Stein-

Seit dem 17. Jh. ist The Pantiles die Prachtstraße von Tunbridge Wells

platten aus. Stilecht sind hingegen die Kolonnaden und Balkone der alten Häuser, in denen sich kleine Läden und Cafés eingerichtet haben. Das Haus Nr. 43 trägt noch die Galerie, von der aus einst Kammerorchester die Parade der Kurgäste musikalisch untermalten.

Chalybeate Spring

| Heilquelle |

Zum Ritual des Kuraufenthalts gehörte das Einnehmen des Heilwassers, das gegen ein Trinkgeld von einem »dipper« genannten Diener per Schöpfkelle gereicht wurde. Die Tradition wird noch immer gepflegt: Der »dipper« steht in stilechter Kostümierung bereit, um Touristen das angeblich Nerven- und Verdauungsleiden kurierende Nass zu verabreichen. Verantwortlich für die rötliche Färbung der umzäunten Quelle ist übrigens der hohe Eisengehalt des Wassers.

■ The Pantiles, April–Sept. Mi–So 10–15 Uhr, Eintritt frei

Restaurants

€€€ | The Old Fishmarket by Sankey's Fisch und Meeresfrüchte im alten Marktgebäude, dazu beste Weiß- und Schaumweine. Mittags preiswerte Tagesmenüs. ■ 19 The Upper Pantiles, Tel. 018 92/51 14 22, www.sankeys.co.uk, Di–Sa 9–23 Uhr

Einkaufen

Jeremy's Home Store Spitzname: »Aladdins Höhle«. Haushaltswaren, Geschenkartikel, Accessoires und 1000 Dinge, von denen Sie überhaupt nicht wussten, dass Sie sie brauchen. ■ 26–28 Monson Rd., Tel. 018 92/52 59 76, www.jeremyshomestore.co.uk

Kneipen, Bars und Clubs

The Opera House Wollten Sie schon immer mal auf der Bühne Bier trinken? Dann sitzen Sie in der ehemaligen Oper garantiert richtig. ■ 88 Mount Pleasant Rd., Tel. 018 92/51 17 70

In der Umgebung

Groombridge Place

| Barockgarten |

Cineasten kennen das schmucke Herrenhaus mit Wassergraben und seiner Gartenanlage aus »Der Kontrakt des Zeichners« (1982) von Peter Greenaway. Im Unterschied zu den meisten naturnah gehaltenen Landschaftsgärten Englands hat Groombridge seit dem 17. Jh. seinen symmetrisch-barocken Charakter nach französischem Vorbild beibehalten. Zum Anwesen gehören u. a. der »Garten der weißen Rosen« und der »Betrunkene Garten« mit originell zugeschnittenen Hecken. Besondere Attraktionen sind ein 350 m langer Baumwipfelpfad sowie ein Waldspielplatz für Kinder. Zwischen Tunbridge Wells und Groombridge verkehrt die Dampfeisenbahn Spa Valley Railway (www.spavalleyrailway.co.uk, 15 Min.).

■ Groombridge Hill, Groombridge, Tel. 018 92/86 14 44, www.groombridgeplace.com, Mi–So 10–16.30 Uhr, 12,95 £, erm. 9,95 £

Hever Castle and Gardens

| Schloss |

Das Herrenhaus aus dem 15. Jh. war der Landsitz der Familie Boleyn. Anne Boleyn verbrachte hier ihre Kindheit, ehe sie als zweite Gattin von Henry VIII. 1536 ein unwürdiges Ende auf dem Richtblock im Tower von London nahm. Der britisch-amerikanische Multimillionär William Waldorf Astor erwarb das Anwesen 1903 und baute es im pseudo-mittelalterlichen Stil um. Den Park ließ er nach italienischem Vorbild à la Villa Borghese gestalten – Garten-Puristen mögen zwar den Kopf schütteln, sehenswert ist das Resultat aber allemal. Stilecht übernachten kann man im schlosseigenen B&B.

■ Edenbridge, Tel. 017 32/86 52 24, www.hevercastle.co.uk, April–Okt. 10.30–16.30, Nov.–März 10.30–15 Uhr, 17,75 £, erm. 9,95 £

8 Sissinghurst Castle and Gardens

Ein Park für die Ewigkeit und Inspiration für zahllose Hobbygärtner

Information

■ Biddenden Rd., Cranbrook TN17 2AB, Tel. 015 80/71 07 01, www.nationaltrust.org.uk, Jan.–März Sa, So 11–16, April–Okt. tgl. 11–17.30, Nov., Dez. tgl. 11–16 Uhr, 13,80 £, erm. 6,90 £

Englands wohl schönster Garten wird für immer verbunden sein mit dem Namen seiner Begründerin: Vita Sackville-West (1892–1962) war Bestsellerautorin von Gesellschaftsromanen und eine der faszinierendsten Persönlichkeiten ihrer Zeit. Mit ihrem Mann, dem Diplomaten Harold Nicolson, erwarb sie 1930 das heruntergekommene Anwesen aus dem 15. Jh. und verwandelte es nach und nach in das blühende Paradies, als das es sich heute 200 000 Besuchern jährlich darbietet. Vita Sackville-West, die zeitweise auch in einer Beziehung mit der Schriftstellerin Virginia Woolf lebte, fasste ihre Ideen in poetischer Sprache 1951 in dem Essay »In Your Garden« zusammen. Demnach erweist sich der perfekte Garten immer auch als Spiegelbild des Gefühlslebens seines Gestalters, alles entstehe aus einem inneren Impuls wie von selbst, aber niemals nur zufällig.

Höhepunkte auf dem 5 ha großen Areal sind etwa der White Garden, in dem 150 verschiedene Pflanzenarten weiß blühen. Im umfangreichen Kräutergarten konnte Vita Sackville-West angeblich jede einzelne Art mit geschlossenen Augen am Duft erkennen. Im Rosengarten gedeihen zahlreiche alte Sorten, die nirgendwo sonst wachsen. Wer auf schattigen Wanderwegen das ganze Anwesen umrundet, kann gut und gern einige Stunden auf Sissinghurst verbringen. Im romantischen Doppelturm des Anwesens führt eine Wendeltreppe ins Arbeitszimmer der einstigen Besitzerin. Die mit Büchern und Möbeln vollgestellte Stube wirkt, als habe Lady Vita sie gestern erst verlassen.

In der Umgebung

Biddenden Vineyards

| Weingut |

Englischer Wein – geht das überhaupt? Ja, es geht: Im ältesten Weingut Kents werden tadellose Weißweine aus der Rebsorte Ortega gekeltert, sogar roten Dornfelder und Pinot Noir (Spätburgunder) kann man bei der Verkostung gratis probieren und im Shop käuflich erwerben. Außerdem im Angebot: hervorragender Cider aus eigenem Apfelanbau.

■ Gribble Bridge Lane, Biddenden, Tel. 015 80/29 17 26, www.biddendenvineyards.com, tgl. geöffnet

9 Hastings

Schauplatz der Geschichte und ein Seebad mit Ambitionen

Information

■ Muriel Matters House, Pelham Place, Hastings TN34 3UY, Tel. 014 24/45 11 11, www.visit1066country.com

Fast alles dreht sich in Hastings (90 000 Einw.) um eine Jahreszahl: 1066. Es war Wilhelm der Eroberer, Herzog der Normandie, der damals mit seinem Heer bei Hastings englischen Boden betrat und am 14. Oktober des Jahres König Harold II. und dessen angelsächsische Truppen schlug. Entsprechend viel Historisches ist im »1066 Country« zu besichtigen. Schließlich kennt in Großbritannien jedes Schulkind das Datum, an dem im Geschichtsbuch der Insel ein neues Kapitel begann. Aber auch heute verändert sich etwas in Hastings: Das etwas altbacken wirkende Seebad mit der hübschen Altstadt definiert sich gerade neu, um im touristischen Wettbewerb mit den Nachbarorten zu bestehen: Das Hastings Contemporary präsentiert moderne Kunst, der Neubau der Seebrücke war 2017 »Pier of the Year« und für Jugendliche könnte der riesige Indoor-Skatepark »The Source« Grund genug für einen Trip nach Hastings sein.

Sehenswert

Hastings Castle

| Burgruine |

Die erste normannische Burg auf englischem Boden ist zwar nur noch eine

Von Hastings Castle sind nur noch Ruinen erhalten

ADAC Mobil

Die Zahnradbahn **West Cliff Railway** verbindet die Burg mit dem Zentrum von Hastings. Auf der 150 m langen Strecke überwindet sie 52 Höhenmeter.
2,50 £, erm. 1,50 £ (einfach)

Ruine, aber eine sehr schön gelegene oberhalb der Stadt. Eine etwas reißerische audiovisuelle »1066 Story« zeichnet die historischen Ereignisse nach. Außerdem kann man in den benachbarten St Clements Caves eine ähnliche Darbietung namens »Smuggler's Adventure« genießen.
■ Castle Hill Rd., April–Sept. tgl. 10–17, Okt.–März 11–15 Uhr, 4,95 £, erm. 3,95 £.

Hastings Contemporary

| Galerie |
Der Neubau am Kiesstrand nimmt architektonisch Bezug auf die Wahrzeichen der Stadt, die »netshops«, schwarze Holzhäuschen zum Trocknen der Fischernetze, die in Hastings traditionell mit einem Teerüberzug haltbarer gemacht werden. Zu sehen sind wechselnde Ausstellungen und Werke aktueller Künstler aus der Region.
■ Rock-A-Nore Rd., Tel. 014 24/72 83 77, www.hastingscontemporary.org, Di–So 11–17 Uhr, 9 £, Kinder frei

Hastings Pier

| Seebrücke |
Die Seebrücke entstand 1872. In den 1960er- und 70er-Jahren gaben hier Jimi Hendrix, die Rolling Stones und andere umjubelte Konzerte. In den 1990er-Jahren verfiel der Pier immer mehr, bis er 2010 abbrannte. Seit 2016 erstrahlt er in neuem Glanz.

Restaurants

€€ | White's Seafood and Steak Bar
Der Name ist Programm: Hier gibt es reichlich Proteine in Form von Fisch, Meeresgetier und Grillfleisch – alles frisch und in Topqualität. ■ 44 George St., Hastings, Tel. 014 24/71 98 46, www.whitesbar.co.uk, Mo–Fr 11.30–15, 17.30–21.30 Uhr, Sa, So durchgehend

Sport

The Source In einem ehemaligen Schwimmbad unter der Strandpromenade entstand der größte Funpark für Skateboarder und BMX-Rad-Akrobaten. Ausrüstung kann stundenweise gemietet werden (ab 6 £/Std.). ■ White Rock, Tel. 014 24/23 83 60, www.sourcebmx.com

In der Umgebung

Battle Abbey

| Klosteranlage |
Aus Dankbarkeit über seinen Sieg über die Angelsachsen stiftete Wilhelm der Eroberer auf dem Schlachtfeld von 1066 ein Benediktinerkloster. Vom ursprünglichen Bau ist aber nicht viel übrig, denn Henry VIII. vermachte ihn 1539 seinem Oberstallmeister Anthony Browne, der an gleicher Stelle sein imposantes Herrenhaus errichten ließ. Eine Multimedia-Ausstellung im Anbau beleuchtet das historische Gemetzel von allen Seiten. Jeweils am zweiten Oktoberwochenende wird die Schlacht von kostümierten Laien mit enormem Aufwand nachgestellt.
■ High St., Battle, www.english-heritage.org.uk, April–Sept. tgl. 10–18, Okt. bis 17 Uhr, im Winter Sa, So 10–16 Uhr, 12,30 £, erm. 7,40 £

Rye

| Altstadt |

Auf einem Hügel über den Romney Marshes thronend ist Rye (4200 Einw.) eines der intaktesten mittelalterlichen Städtchen Englands. Dies wissen auch die jährlich 150 000 Tagesbesucher, die sich vor allem die pittoreske Mermaid Street ansehen wollen. Manche der Fachwerkhäuser sind über 600 Jahre alt und stammen aus einer Zeit, als der Hafen von Rye noch schiffbar war.

■ www.ryesussex.co.uk

10 Eastbourne

Ein Seebad für Jung und Alt, der Tradition verpflichtet

Information

■ Cornfield Rd., Eastbourne BN21 4QA, Tel. 013 23/41 54 15, www.visiteast bourne.com

Es gibt zwei Kategorien typischer Eastbourne-Urlauber: Die einen sind Stammgäste über 70 und kommen seit Jahren jeden Sommer. Die anderen sind unter 18 und werden sich bis ins hohe Alter an ihren ersten Urlaub ohne Eltern erinnern. Es sind also vor allem britische Rentner und Sprachschüler vom Kontinent, die in den Ferien ihre Englischkenntnisse aufpolieren sollen, aber eigentlich vor allem Spaß haben wollen. Am 8 km langen Kiesstrand, an den viktorianischen Fassaden entlang der Grand Parade und den sagenhaften Klippen der Seven Sisters hat sicherlich jede Altersgruppe ihre Freude. Die Stadt entstand im 19. Jh. als Zusammenschluss mehrerer kleiner Küstenorte und galt bald als Seebad »für Gentlemen«: Theater, gepflegte Parks, ein schöner Pier und der elegante Orchesterpavillon (»bandstand«) verleihen Eastbourne (100 000 Einw.) ein kultiviertes Gepräge. Unter den vielen prominenten Stammgästen waren auch Karl Marx und Friedrich Engels, der per Testament seine Seebestattung bei Beachy Head verfügte.

Sehenswert

Towner Art Gallery

| Galerie |

1920 von dem privaten Mäzen und Stadtrat John C. Towner als Stiftung begründet, zog die Sammlung 2009 mit ihrem seither immens angewachsenen Bestand in einen todschicken weißen Betonbau um, der laut seiner Architekten an die Kreidefelsen von Beachy Head erinnern soll. Zur ständigen Sammlung von über 4500 Werken zählen Gemälde und Plastiken von Henry Moore, Pablo Picasso, Ólafur Elíasson und Eric Ravilious, der vor allem in Eastbourne arbeitete.

■ College Rd., Tel. 013 23/43 46 70, www.townereastbourne.org.uk, Di–So 10–17 Uhr, Eintritt frei

Eastbourne Pier

| Seebrücke |

Ein trauriges Bild, das sich buchstäblich eingebrannt hat in die kollektive Erinnerung Eastbournes: 2014 verursachte ein Kurzschluss ein Großfeuer auf dem 300 m langen viktorianischen Pier, der daraufhin innerhalb weniger Stunden komplett zerstört war. Nur das nackte Metallgerippe blieb stehen. 2015 kaufte ein Hotelier die Ruine und baute den Pier wieder auf. Heute ist er wieder komplett begehbar und fast so schön wie zuvor (die Meinungen der Einheimischen sind geteilt). Ein Res-

taurant und ein Jazzclub sorgen für neues Leben auf dem Flaniersteg.
■ www.eastbournepier.com

Redoubt Fortress

| Festung |

Angelegt wurde die ungewöhnliche kreisförmige Bastion 1810 aus Sorge vor einer französischen Invasion. Napoleon hatte indes andere Pläne, und so erlebte der Bau nie echte Kampfhandlungen. Heute dient er als Militärmuseum; zu sehen gibt es Uniformen, Waffen und Orden aus mehreren Jahrhunderten. Der Innenhof eignet sich bestens für sommerliche Konzerte und stimmungsvolle Theaterabende.
■ Royal Parade, http://eastbourneredoubt.co.uk, 20. März–12. Nov. tgl. 10–17 Uhr, 4,50 £, erm. 2,50 £

Restaurants

€€ | **The Marine** Zu Recht einer der beliebtesten Treffpunkte der Stadt: Pub mit Innenhof im Freien, drinnen mit offenem Kamin, mit großer Auswahl an regionalen Bieren und bodenständigem Essen. ■ 61 Seaside, Tel. 01323/720464, www.themarinepub.co.uk, Mo–Sa 12–14 und 18–21.30, So 12–21.30 Uhr

€€ | **The Beach Deck** Windgeschützte Terrasse, leicht erhöht über dem Strand gelegen – bei gutem Wetter sitzt man in Eastbourne nirgendwo schöner. Ganztags warme Küche, ausgezeichnete Cocktails. ■ Royal Parade, Tel. 01323/720320, www.thebeachdeck.co.uk, tgl. 8.30–23 Uhr

Angesichts der steilen Kreidefelsen der Seven Sisters bei Eastbourne wirkt selbst der Leuchtturm klein

Events

5 **Airbourne** An vier Tagen Mitte August wird es laut und voll am Himmel über Eastbourne: Dann versammelt die größte Küsten-Flugshow der Welt Kunstflieger, historische Militärflugzeuge, Helikopter und Fallschirmspringer im Seebad. Hunderttausende Zuschauer an der Strandpromenade feiern mit und erwarten vor allem die fantastischen Darbietungen der Red Arrows (www.raf.mod.uk/reds), der Kunstflugstaffel der Royal Air Force. ■ www.eastbourneairshow.com, Eintritt frei

In der Umgebung

Seven Sisters

| Kreidefelsen |

3 *Immer hart am Abgrund: Englands schönste Steilküste*

Als Teil des South Downs National Park ist die spektakuläre Abfolge von Klippen zwischen Eastbourne und Brighton zweifellos einer der landschaftlichen Höhepunkte am Ärmelkanal. Von Eastbournes Strandpromenade führt der Wanderweg South Downs Way zunächst auf die 162 m hohe Landspitze Beachy Head mit dem vorgelagerten rot-weiß gestreiften Leuchtturm. Daran schließen sich die »Sieben Schwestern« an, wunderschön geschwungene Anhöhen über der Brandung. Höchste Vorsicht ist an den ungesicherten Kanten geboten: Der Kreidefels ist brüchig und die Windböen sind unberechenbar – wer zu nah an den Abgrund geht, begibt sich in Lebensgefahr.
■ Gehzeit Eastbourne–Seven Sisters ca. 3 Std. (10 km), zurück in 20 Min. per Bus (Linie: Coaster 12A) ab Saltmarsh auf der A259

11 Brighton

Little London am Meer – frech, schrill und unkonventionell

Wie ein Märchen aus »Tausendundeiner Nacht« erscheint der Royal Pavilion

Information

- Town Hall, Bartholomew Square, Brighton BN1 1JA, Tel. 01273/290337, www.visitbrighton.com
- Parken: siehe S. 43

Brighton brummt. Das Etikett »Seebad« passt eigentlich längst nicht mehr auf die Großstadt (280000 Einw.), die gerade einmal 56 Minuten mit der Bahn von Londons Victoria Station entfernt an der Küste liegt. Zusammen mit der Nachbargemeinde Hove erhielt Brighton 2001 den Status einer »City«, und die Immobilienpreise nähern sich rasant dem Niveau der Hauptstadt an. Kreative, Promis und Popstars haben hier mindestens einen Zweitwohnsitz, und an Sommerwochenenden herrscht am 10 km langen Kiesstrand Volksfestatmosphäre. Gefeiert wird in über 500 Pubs, Szenekneipen und Clubs. Den Ruhm Brightons begründete der hedonistisch veranlagte Prinzregent und spätere König George IV. (1762–1830), der den Ort zu seinem Lebensmittelpunkt erkor und eine skandalöse Liaison mit einer Bürgerlichen einging. »Was in Brighton passiert, bleibt in Brighton«, so ein geflügeltes Wort. Libertär und weltoffen gibt man sich bis heute. Vor allem der Ortsteil Kemptown ist stolz auf seine bunte Gay

Plan S. 42

Community. Auch die lokalen politischen Verhältnisse sind unkonventionell: Caroline Lucas ist die einzige Abgeordnete der Green Party im britischen Unterhaus – 2019 direkt wiedergewählt aus ihrem Wahlkreis Brighton.

Sehenswert

1 Royal Pavilion

| Palast |

Eine einzige Extravaganz: Das schlichte Landhaus, das er für sich und seine heimlich angetraute Geliebte Maria Fitzherbert erwarb, erschien Prinzregent George bald nicht mehr standesgemäß. Deshalb ließ er es nach und nach zu einem orientalisch-indischen Märchenschloss erweitern, das sämtliche Stilgrenzen sprengt. Ein wenig Taj Mahal, eine Spur 1001 Nacht, dazu ein Hauch von Seidenstraße und viel imperialer Regency Style – der Architekt John Nash schöpfte aus dem vollen Repertoire des Kolonialismus, um die fiebrigen Fantasien des Hausherrn zu verwirklichen. Glück brachte der sündhaft teure Bau George IV. jedoch nicht: Wegen seiner Verschwendungssucht höchst unbeliebt beim Volk, fettleibig (Spitzname: Prince of Whales – »Prinz der Wale«) und oft kränkelnd, zählen britische Historiker ihn zu den schwächsten Monarchen der Geschichte. Seine Nichte, Königin Victoria, verkaufte den ihr verhassten Palast an die Stadt. Im Ersten Weltkrieg diente er als Lazarett, passenderweise für Soldaten aus Indien. Heute staunen jährlich 400 000 Besucher über die exotische Opulenz der Säle.

■ 4/5 Pavilion Buildings, Tel. 030 00/29 09 00, www.brightonmuseums.org.uk/royalpavilion, Okt.–März 10–16.30, April–Sept. 9.30–17 Uhr, 15 £, erm. 9 £, online 10 % Rabatt

ADAC Mittendrin

Brighton Greeters sind freiwillige Einheimische, die ihrem Gast vollkommen kostenlos zwei Stunden lang ihre Lieblingsecken in der Stadt zeigen. Anmeldung online möglichst frühzeitig unter http://ch.visitbrighton.com/greeters/book-your-greet.

ADAC Mobil

Brightons Promenade ist gut 5 km lang und bretteben – ideal für **Radfahrer** (ab 7£/Tag z. B. bei www.brightoncyclehire.co.uk).
Das Tagesticket für die **Stadtbusse** kostet 5 £; besonders schön ist die Fahrt mit dem »Coaster«-Bus Nr. 12 nach Eastbourne entlang der Seven Sisters.

2 Brighton Palace Pier

| Seebrücke |

4 *Die Mutter aller Seebrücken: An diesem Pier führt kein Weg vorbei*

Seit 2003 ist die Seebrücke (1899) konkurrenzlos, denn ein Großfeuer machte damals dem einzigen Rivalen am Ort, West Pier genannt, den Garaus. Während jener seither als Gerippe im Meer nur noch zum morbiden Fotomotiv taugt, ist der glamouröse Palace Pier der ganze Stolz Brightons: 525 m lang, mit kostenlosen Liegestühlen und (keineswegs kostenlosen) Achterbahnen und Karussells, Spielhöllen und Fish-and-Chips-Buden. Nachts wird der Pier noch dazu von 67 000 Glühbirnen illuminiert.

■ Madeira Drive, Tel. 01273/60 93 61, www.brightonpier.co.uk

3 Sea Life Brighton

| Unterwasser-Zoo |

Untergebracht in einem schönen viktorianischen Bau nahe dem Pier versammelt die aufwendige Schau in riesigen Aquarien Meerestiere aus dem Atlantik und exotischen Gefilden.

■ Marine Parade, Tel. 0871/423 2110, www.visitsealife.com/brighton, tgl. 10–18 Uhr, Eintritt je nach Saison und Tageszeit zwischen 10,50 £ und 21,50 £, online günstiger als an der Kasse, Kinder bis 14 J. ca. 5 £ ermäßigt

4 British Airways i360

| Aussichtsturm |

Der 173 m hohe Turm mit der fahrbaren Aussichtsplattform wurde 2016 eröff-

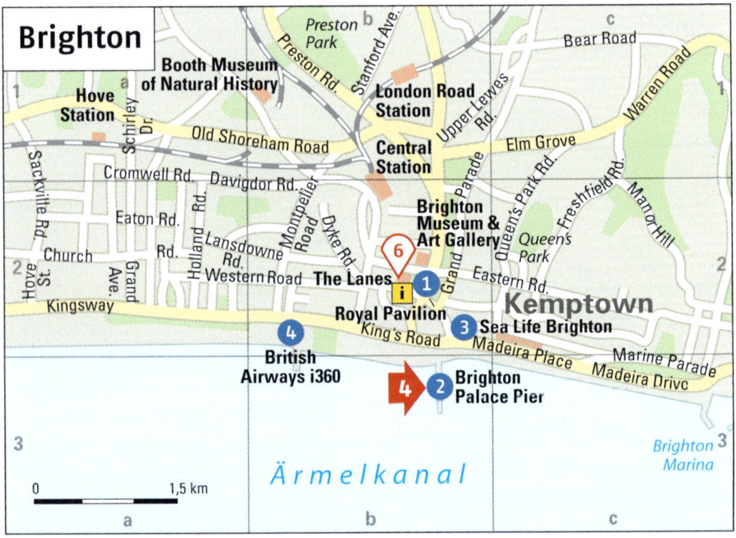

British Airways i360, der höchste Aussichtsturm Großbritanniens

net, um gleich zwei Superlative aufzustellen: Er ist der schmalste Turmbau der Welt und in Großbritannien der höchste seiner Art. 20 Minuten hat man Zeit, um das Panorama von ganz oben zu genießen, bevor die Plattform, einem Ufo gleich, wieder sanft zu Boden schwebt.

■ Lower Kings Rd., Tel. 03337/720360, www.britishairwaysi360.com, tgl. 10–18.30, Fr, Sa bis 20.30 Uhr (im Winter kürzer), 16,50 £, erm. 8,25 £ (online 14,85 £ bzw. 7,42 £)

P Parken

Die Parkplatzsuche in Brighton kann (nicht nur) Nerven kosten. Für kurze Aufenthalte bietet sich der Madeira Drive oberhalb der nördlichen Strandpromenade an (8 £ für max. 11 Std., Plan S. 42 c3). Kostenlos parkt man auf dem Park-and-Ride-Platz am Withdean Sports Complex, Tongdean Lane (Plan S. 42 nördl. a1). Von dort fahren Busse ins Zentrum.

Restaurants

€ | **La Choza** Quietschbuntes Lokal mit mexikanischer Küche zum Sattessen, ohne dass man arm wird. Tipp: Die »burrito bowl« mit knusprigem Fischfilet. ■ 36 Gloucester Rd., Tel. 01273/945926, www.lachoza.co.uk, tgl. 11.30–22, Mo bis 16 Uhr, Plan S. 42 b2

€€ | **The Lion and Lobster** Schönes altes Pub auf drei Ebenen: Bar, Restaurant und Dachterrasse mit offenem Kaminfeuer. Prima Speisekarte und für Brighton ausgesprochen preiswert. ■ 24 Sillwood St., Tel. 01273/327299, www.thelionandlobster.co.uk, Mo–Do 11–1, Fr, Sa bis 2, So 12–24 Uhr, Plan S. 42 b2

€€€ | **Riddle and Finns @ The Beach** Frischer Fisch, Meeresfrüchte und Schalentiere, dazu eine umfangreiche Wein- und Sektauswahl bei Meerblick. Filiale der traditionsreichen Austernbar gleichen Namens in The Lanes. ■ 139 Kings Rd. Arches, Tel. 01273/821218, www.riddleandfinns.co.uk, So–Fr 12–22, Sa 11.30–22 Uhr, Plan S. 42 b2

Einkaufen

6 **The Lanes** In den engen Gassen des ehemaligen Fischerviertels zwischen North Street und Bartholomew Square liegen kleine Läden und Boutiquen Tür an Tür. Zwischen obskur und originell gibt es hier so ziemlich alles zu kaufen. ■ Plan S. 42 b2

Bühne

Komedia Renommierte Theater- und Musikbühne, die täglich ein vielfältiges Programm bietet. ■ 44–47 Gardner St., Tel. 01273/647100, www.komedia.co.uk/brighton, Plan S. 42 b2

Kneipen, Bars und Clubs

The Green Door Store Indie-Livemusik und Underground-Feeling unter den Bahngleisen. ■ 2, 3, 4 Trafalgar Arches (Brighton Station), www.thegreendoorstore.co.uk (kein Tel.), Plan S. 42 b1

Kinder

Palace Pier (S. 42) Am äußersten Ende der Seebrücke jagen die Achterbahnwagen der »Wilden Maus« auf vertrackten Schienen übers Meer – ein großer Spaß für nicht mehr ganz kleine Kinder! ■ 5 £ pro Fahrt, Plan S. 42 b3

ADAC Spartipp

Preiswert logieren und völlig kostenlos parken kann man am **Flughafen Gatwick**, z. B. im Premier Inn Gatwick South. Mit dem Zug ist man in 30 Min. in Brighton.
London Rd., Crawley, Tel. 0871/527 84 08, www.premierinn.com

Events

Brighton Festival Drei Wochen Theater, Tanz, Film, Musik und Straßenkunst. ■ www.brightonfestival.org

Summer Pride Großbritanniens größtes Gay-Festival Anfang August: schrill, bunt, extravagant – eben typisch Brighton. ■ www.brighton-pride.org

Sport

Cycle Brighton Die flache und weitläufige Strandpromenade ist ideal für Fahrradtouren. Solide City-Bikes gibt es ab 3 Std. (10 £) oder tageweise (15 £). ■ 86 Ethel St., Tel. 01273/567733, www.cyclebrighton.com, Plan S. 42 a1

12 Chichester

Lebendige Kunstgeschichte aus rund zwei Jahrtausenden

Information

■ The Novium, Tower St., Chichester PO19 1QH, Tel. 01243/775888, www.visitchichester.org

Stille Wasser sind tief: Die auf den ersten Blick unscheinbare Universitätsstadt (27000 Einw.) blickt auf eine lange Geschichte zurück und überrascht mit einigen Sehenswürdigkeiten ersten Ranges. Von den römischen Invasoren als Brückenkopf in Britannien gegründet, kam Chichester durch Tuch- und Weizenhandel zu Wohlstand. Die gut erhaltene mittelalterliche Stadtmauer, eine Kathedrale auf römischen Fundamenten und das prächtige Marktkreuz (1501) im Zentrum der verkehrsberuhigten Altstadt sind sichtbare Symbole eines früh erwachten

Die Chichester Cathedral wurde auf römischen Fundamenten errichtet

bürgerlichen Selbstbewusstseins. Die Affinität zur Hochkultur pflegt Chichester bis heute: Werke großer Künstler und ein renommiertes Theaterfestival sind in der Stadt zu Hause.

Sehenswert

Chichester Cathedral

| Kathedrale |

Ein ungewöhnlicher Bau, begonnen im 11. Jh.: Der frei stehende Glockenturm ist der einzige seiner Art in England. Im Mittelschiff erkennt man noch Reste eines Bodenmosaiks der früheren römischen Basilika. Der Innenraum wurde bis ins 20. Jh. immer wieder umgebaut und mit zeitgenössischen Kunstwerken ausgestattet. Der farbige abstrakte Wandbehang »Dreieinigkeit« von John Piper (1962) am Hochaltar bildet einen interessanten Kontrast zu den romanischen Reliefs in der südlichen Chorapsis. Ihnen gegenüber, in der nördlichen Chorapsis, leuchten Glasmalereien von Marc Chagall (1976).

■ www.chichestercathedral.org.uk, Mo–Sa 7.15–18.30, So bis 17 Uhr, Eintritt frei

Pallant House Gallery

| Galerie |

Walter Hussey, bis 1977 Dekan der Kathedrale, brachte nicht nur Marc Chagall nach Chichester, sondern stiftete auch seine private Gemäldesammlung der Stadt. Seit 1989 ist diese in einem schön restaurierten Bürgerpalais von 1712 untergebracht. Die Galerie wurde beständig erweitert und erhielt 2006 einen modernen Anbau. Zu sehen sind u. a. Werke von Cézanne, Klee, Severeni und wichtigen britischen Künstlern der Moderne.

■ 9 North Pallant, Tel. 012 43/77 45 57, www.pallant.org.uk, Di–Sa 10–17, Do bis 20, So 11–17 Uhr, 12,50 £, bis 18 J. frei

Der Collector Earl's Garden ist einer der Gärten von Arundel Castle

Fishbourne Roman Palace

| Museum |

Heute würde man Tiberius Claudius Cogidubnus wohl einen Kollaborateur nennen. Der keltische Fürst ließ sich mit den Invasoren ein und machte so Karriere als Statthalter von Noviomagus, wie Chichester unter den Römern hieß. Seine 1500 m² große Residenz hatte rund 100 Zimmer und gilt als der luxuriöseste römische Wohnpalast in ganz England. Die wunderbaren Bodenmosaike sind erstaunlich gut erhalten; auf dem schönsten reitet Amor auf einem Delfin.

■ Roman Way, Fishbourne, Tel. 012 43/78 58 59, www.sussexpast.co.uk, März–Okt. 10–17, Okt.–Feb. 10–16 Uhr, 9,80 £, erm. 5 £

Gefällt Ihnen das?

Schöner Wohnen mit den alten Römern lässt sich nicht nur im Fishbourne Roman Palace erleben: Die **Villa bei Chedworth** in den Cotswolds (S. 117) hatte beheizbare Bäder und ein Speisezimmer mit herrlichem Bodenmosaik.

Restaurants

€ | Bill's Restaurant Ein Kettenlokal der angenehmen Sorte: Freundlich und stilvoll eingerichtet, bietet es zu jeder Tageszeit für jeden etwas, z. B. prima Burger, Thai-Curry, Pizza, Fisch und Vegetarisches. ■ 3 Buttermarket, North St., Tel. 012 43/52 86 07, www.bills-website.co.uk, tgl. 8–23 Uhr

€€ | The Old Greenhouse Chef Nik Westacott bewirtet in einem ehemaligen Gewächshaus etwas außerhalb der Stadt. Außerdem bietet der ausgewiesene Pilzkenner im Spätsommer und Herbst geführte »mushroom hunts«

an. ■ 82 Fishbourne Rd. West, Fishbourne, Tel. 07854/051013, www.theoldgreen house.co.uk, nur nach Voranmeldung

Events

Chichester Festival Theatre Kein Geringerer als Sir Laurence Olivier war der erste Leiter des wichtigsten Theaterfestivals Südenglands. Omar Sharif, Ingrid Bergman und Anthony Hopkins sind nur drei von vielen großen Namen, die hier schon auf dem Programm standen. ■ www.cft.org.uk, März–Okt., Tickets kosten 15–45 £ und sind online buchbar

In der Umgebung

Arundel Castle and Gardens

| Schloss |

Es wäre der ideale Drehort für jeden Mantel- und Degenfilm: Zwar stammen die Grundmauern des stolz aufragenden Schlosses aus dem Mittelalter, der neugotische Bau entstand jedoch erst im 19. Jh. Die katholische Adelsfamilie der Howards häufte in Arundel seit dem 17. Jh. große Kunst an, sodass die Gemäldegalerie heute mit Bildern u. a. von Rubens, Canaletto und van Dyck aufwarten kann. Der Garten des Anwesens ist in der Region für seine Obstproduktion bekannt.

■ Arundel, Tel. 01903/882173, www.arundelcastle.org, April–Okt. 10–16 Uhr, 20 £, erm. 11 £

Petworth House

| Herrenhaus |

Untrennbar verbunden mit Petworth House ist der Name William Turner (1775–1851). Der große Meister der englischen Romantik und Wegbereiter des Impressionismus war eng befreundet mit dem Hausherrn, dem dritten Earl of Egremont. Dessen Kunstsammlung umfasst u. a. Werke von Tizian, Claude Lorrain und Thomas Gainsbourough. Turner selbst hatte von 1827 bis 1837 ein Atelier auf Petworth. Mindestens 20 große Ölgemälde, zahlreiche Skizzen und etwa 100 Aquarelle entstanden in dieser Zeit. Einige der hier gemalten Aquarelle sind ebenfalls Teil der Kunstgalerie.

Wie eine typische Turner-Landschaft mutet auch die umgebende Parklandschaft an: In ihrer planvollen »Natürlichkeit« ist sie das Urbild des englischen Gartens.

■ Church St., Petworth, Tel. 01798/342207, www.nationaltrust.org.uk, März–Okt. 11–17 Uhr, 14,40 £, erm. 7,20 £

Ein Bodenmosaik im Fishbourne Roman Palace zeigt Amor auf einem Delfin

Übernachten

Die Nachfrage bestimmt den Preis – diese simple Wahrheit haben englische Hoteliers schon lange verinnerlicht. So variieren die Zimmerpreise auf der Insel je nach Saison und Wochentag stark, selbst in familiären Pensionen. Bevor man eine Reiseroute festlegt, lohnt es sich daher, auf den Online-Buchungsseiten alternative Daten zu prüfen. Freitage und Samstage sind in Brighton zum Beispiel oft doppelt so teuer wie Sonn- oder Montage. Ein begehrtes Wochenendziel ist auch Canterbury. Wer ohnehin mit dem Auto unterwegs ist, muss vielleicht nicht unbedingt im Stadtzentrum wohnen. Eine bei britischen Urlaubern beliebte Option sind Bed-and-Breakfast-Zimmer auf dem Land, wie sie etwa das empfehlenswerte Portal www.farmstay.co.uk anbietet.

Dover 18

€ | **Maison Dieu Guest House** Zentrale und ruhige Lage, sechs nett eingerichtete Zimmer teils mit Blick auf Dover Castle. Alles »very british« – gleich der richtige Einstieg für den Anfang jeder Englandreise. ■ 89 Maison Dieu Rd., Dover CT16 1RU, Tel. 013 04/ 20 40 33, www.maisondieu.co.uk

Broadstairs 21

€ | **The Victoria** Schönes B&B mit Strandblick vom Frühstückstisch. Ungewöhnlich große Zimmer, teils mit offenem Kamin. ■ 23 Victoria Parade, Broadstairs CT10 1QL, Tel. 018 43/87 10 10, www.thevictoriabroadstairs.co.uk

Margate 23

€€ | **Walpole Bay Hotel** Ein Hotel wie aus der Stummfilmzeit: Der Fahrstuhl mit Scherengitter, die Ledersessel, die massiven Himmelbetten – seit 1914 eine gute Adresse. ■ Fifth Avenue, Cliftonville, Margate CT9 2JJ, Tel. 018 43/ 22 17 03, www.walpolebayhotel.co.uk

Canterbury 26

€ | **The Falstaff** 600 Jahre alte frühere Postkutschenstation mitten im Zentrum, 46 Zimmer, knarzende Holzböden und eine nette Bar, die auch Afternoon Tea anbietet. Großes Plus: kostenlose Parkplätze. ■ 8–19 St Dunstan's St., Canterbury CT2 8AF, Tel. 012 27/ 46 21 38, www.thefalstaffincanterbury.com

€€ | **Cathedral Lodge** Hier wohnt man direkt auf dem Kirchengelände, und das in absoluter Ruhe. Im Preis inklusive: der Eintritt in die Kathedrale und der unverstellte Blick darauf. ■ The Precincts, Canterbury CT1 2EH, Tel. 012 27/86 53 50, www.canterburycathedrallodge.org

Royal Tunbridge Wells 32

€€€ | **Hotel du Vin** Luxushotel in georgianischem Herrenhaus mit exzellentem Restaurant und Bistro. Unter der Woche gar nicht so teuer, wie es aussieht. ■ Crescent Rd., Tunbridge Wells TN1 2LY, Tel. 018 92/32 07 49, www.hotelduvin.com

Hastings 35

€€ | Hastings House Boutique B&B Schöne Frühstückspension. Die großen Meerblickzimmer haben Panoramafenster mit gemütlicher Sitzecke. ■ 9 Warrior Square, St. Leonards on Sea, Hastings TN37 6BA, Tel. 014 24/42 27 09, www.hastingshouse.co.uk

Rye 37

7 **€€ | Rye Windmill Hotel** Das B&B hat elf schmucke Zimmer und eine Suite auf zwei Etagen mit Balkon in einer historischen Windmühle aus dem 18. Jh. Tolles Frühstück, Parkplatz kostenlos. ■ Ferry Rd., Rye TN31 7DW, Tel. 017 97/22 40 27, www.ryewindmill.co.uk

Eastbourne 37

€€ | 17 Wilmington Square Geschmackvolles Bed and Breakfast etwas abseits des Trubels, 12 Zimmer, teils mit Meerblick, persönlich im Stil und sehr gutes Frühstück. ■ 17 Wilmington Square, BN21 4EA Eastbourne, Tel. 013 23/41 72 17, www.seventeen.uk.com

€€€ | Grand Hotel Palasthotel aus dem 19. Jh., nach Modernisierung auf dem neuesten Stand. Claude Debussy vollendete hier 1905 »La Mer«. Mit Pool und Spa. ■ King Edwards Parade, Eastbourne BN21 4EQ, Tel. 013 23/41 23 45, www.grandeastbourne.com

Brighton 40

€€ | Sea Spray Hübsches Boutique-Hotel mit 14 individuell gestalteten Zimmern. Vorzügliches Frühstück. ■ 26 New Steine, Tel. 012 73/68 03 32, www.seaspraybrighton.co.uk

ADAC Das besondere Hotel

Logieren wie die Leuchtturmwärter – und dann auch noch auf den weißen Klippen von Beachy Head. In dem 1832 errichteten Turm, der wegen Erosionsgefahr ein Stück vom Klippenrand verlegt wurde, bietet das **Belle Tout Lighthouse B&B** sechs stilvolle Gästezimmer mit Traumblick.
€€ | Beachy Head, Eastbourne BN20 0AE, Tel. 013 23 /42 31 85, www.belletout.co.uk

€€ | The Square Hotel Alles stylish, so wie es sich im Szeneviertel Kemptown gehört. Der Strand ist einen Steinwurf entfernt. ■ 4 New Steine, Brighton BN2 1PW, Tel. 012 73/69 17 77, www.squarebrighton.com

€€€ | Mercure Brighton Seafront Altes Haus in modernem Design nahe dem i360. »Superior Room« mit großem Balkon zur Strandpromenade. Sonderangebote online. ■ 149 Kings Rd., Brighton BN1 2PP, Tel. 08 44/815 90 61, www.mercurebrighton.co.uk

Chichester 44

€ | The Nags Head Urige Altstadt-Taverne mit komfortablen Gästezimmern, die Preise dieser Unterkunft sind moderat. ■ St. Pancras, Chichester PO19 7SJ, Tel. 012 43/78 58 23, www.thenagshotel.co.uk

€€ | The Harbour Hotel Boutique-Hotel in einem alten Stadthaus. Zimmer etwas klein, aber mit Liebe zum Detail ausgestattet. Fitnessstudio und Spa. ■ 57 North St., Chichester PO19 1NH, Tel. 012 43/77 80 00, www.harbourhotels.co.uk/chichester

Die Mitte: Von Hampshire bis Dorset

Eine Zeitreise zu den Ursprüngen der Geschichte, auf der es neben Bekanntem wie Stonehenge auch Überraschendes zu entdecken gibt

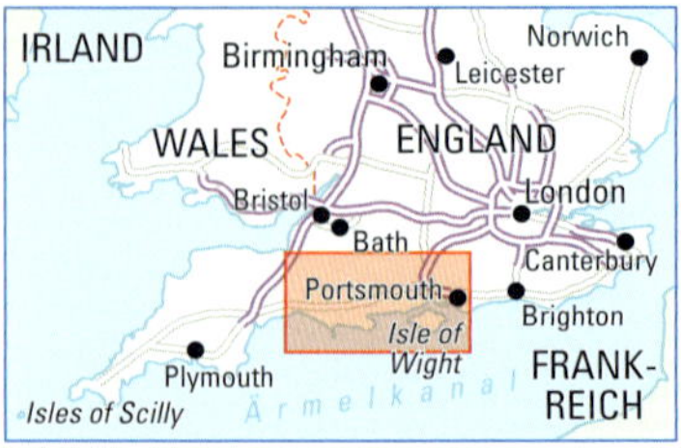

Jurassic Coast, »Jura-Küste«, lautet der Beiname des Ärmelkanals zwischen Bournemouth und Exmouth, denn die markanten Felsformationen an diesem Küstenabschnitt stammen aus der Frühzeit der Erdgeschichte. Die Strände von Lyme Regis oder West Bay sind daher ideale Reviere für Fossiliensammler. Apropos Stein: Stonehenge, die 5000 Jahre alte Kultstätte, beschäftigt die Fantasie von Esoterikern, Forschern und Laien gleichermaßen. Auf der Route durchs Hinterland liegen mit Winchester und Salisbury zwei der lebens- und liebenswertesten Städte Englands. Und natürlich ist es immer wieder die anmutige Landschaft, die Freude macht: etwa die urtümlichen Eichen im New Forest National Park oder die Küsten der Isle of Wight.

In diesem Kapitel:

ADAC Top Tipps:

5 Salisbury Cathedral
| Kathedrale |
Er ist nicht zu verfehlen: Der höchste Kirchturm Großbritanniens schmückt die schönste unter vielen schönen gotischen Kathedralen. Ein Solitär außerhalb der Altstadt. 62

6 Stonehenge
| Steinkreis |
Tempel, Grabstätte oder Sternwarte? Je mehr spekuliert wird über den Zweck der berühmtesten steinzeitlichen Struktur der Welt, desto weniger scheint man zu wissen. 63

7 Chesil Beach, Weymouth
| Strand |
Es ist dieses Rauschen der Brandung auf den ungezählten rollenden Steinen, das noch lange nachhallt. Unvergesslich bleibt aber auch der Anblick der 29 km langen Kiesbank zwischen West Bay und Weymouth. 70

ADAC Empfehlungen:

8 Royal Navy Historic Dockyard, Portsmouth
| Museum |

»HMS Warrior« und »HMS Victory«. Schon die Namen der alten Flaggschiffe der britischen Marine sprechen Bände. 52

9 National Motor Museum, Beaulieu
| Automuseum |

250 rare Autos, Rolls-Royce-Modelle und James-Bond-Karossen, dazu das Anwesen der Familie Montagu. 57

10 The Needles, Isle of Wight
| Felsinseln |

Das Wahrzeichen der Isle of Wight: die drei nadelförmigen Felsen in der Brandung. 60

11 Fisherton Mill, Salisbury
| Galerie |

Auf dem Gelände einer stillgelegten Textilfabrik aus viktorianischer Zeit

bieten Künstler und Kunsthandwerker ihre Produkte an. 62

12 Stourhead, Shaftesbury
| Landschaftspark |

Der englische Garten als Gesamtkunstwerk: ein künstlicher See, Buchten, Tempelchen und Grotten – nichts ist hier natürlich, und doch wirkt alles wie organisch gewachsen. 65

13 Russell-Cotes Museum, Bournemouth
| Kunstmuseum |

Die Gründerzeitvilla ist ein Kabinett voller viktorianischer Kunst und exotischer Exponate. 67

13 Portsmouth

Das Hauptquartier der Marine ist der ganze Stolz des maritimen England

Information

■ Tourist Information Centre, Museum Rd., Portsmouth PO5 3NT, Tel. 023 92/ 82 67 22, www.visitportsmouth.co.uk

Ein Blick auf die Landkarte sagt alles: Die geschützte Lage an einer weiten Bucht rund um zwei Halbinseln bietet ideale Voraussetzungen für einen Naturhafen. Folgerichtig erkor Henry VII. im 15. Jh. Portsmouth zum Hauptquartier der Königlichen Marine. Deren wichtigster Stützpunkt ist es bis heute. Die Krise der Werftindustrie ging zwar nicht spurlos an Portsmouth vorüber, aber als Fährhafen zur touristisch bedeutsamen Isle of Wight zieht die moderne Stadt (200 000 Einw.) zuverlässig Besucher an. Außerdem laden die Grünanlagen am Meer sowie das charmante Viertel Southsea mit seinen viktorianischen Fassaden zum längeren Verweilen ein.

Sehenswert

Royal Navy Historic Dockyard

| Museum |

8 *Ein musealer Tempel für die Königliche Marine*

Die größte Attraktion im historischen Hafen ist die 69 m lange »HMS Victory«, Lord Nelsons Flaggschiff während der siegreichen Seeschlacht von Trafalgar (1805) gegen die spanisch-französische Flotte. Der imposante Dreimaster bot Platz für 104 Kanonen und hatte eine Besatzung von 850

Sein Naturhafen machte Portsmouth zum Hauptquartier der britischen Marine

Mann und 30 »Pulveraffen« – so wurden die 10- bis 14-jährigen Jungen genannt, die im Gefecht und unter ständiger Lebensgefahr für den laufenden Schwarzpulvernachschub sorgen mussten. Die Stelle am Steuerrad, an der Lord Nelson von einer französischen Musketenkugel tödlich getroffen wurde, ist mit einer Plakette gekennzeichnet.

Neben der berühmten »HMS Victory« sind auch die weiteren Exponate höchst eindrucksvoll und teils als Museumsschiffe für Besucher begehbar: Der Panzerkreuzer »HMS Warrior« von 1860 war sowohl als Dampfer als auch als Segler konzipiert. Nur noch ein Wrack, aber historisch ebenso interessant ist die »HMS Mary Rose«, die 1545 vor der Isle of Wight vermutlich wegen Überladung mit 700 Seeleuten sank.

■ Victory Gate, www.historicdockyard.co.uk, tgl. 10–17 Uhr, Online-Eintritt 31 £, erm. 18,50 £ (gesamtes Gelände, 1 Jahr gültig) oder 18 £, erm. 13 £ für einzelne Attraktionen

Spinnaker Tower

| Aussichtsturm |

Das unübersehbare Wahrzeichen des modernen Portsmouth ist seit 2005 der 170 m hohe Turm in der Form des gleichnamigen Vorsegels. Von den drei Aussichtsplattformen (100 m hoch) reicht der Blick über den Hafen, das Neubauviertel Gunwharf Quays und zur vorgelagerten Isle of Wight.

■ Gunwharf Quays, www.spinnakertower.co.uk, tgl. 10–17.30 Uhr, Tickets online 11,50 £, erm. 8,50 £

South Sea Common

| Park |

Die luftige Grünfläche erstreckt sich zwischen Altstadt und Hafen und wird von Spaziergängern und Joggern gern genutzt, garantiert sie doch unverbaute Ausblicke aufs Wasser. Die Hafeneinfahrt schützt das South Sea Castle, 1544 unter Henry VIII. erbaut. Ebenfalls am South Sea Common liegt das D-Day-Museum, das die Geschichte der Invasion durch die Alliierten in der Normandie dokumentiert.

■ Beide Museen tgl. 10–17 Uhr, Eintritt frei

Charles Dickens Birthplace Museum

| Museum |

Oliver Twist und David Copperfield sind nur zwei seiner Figuren, die aus der englischen Literatur nicht wegzudenken sind: Charles Dickens (1812–70) stammte aus ähnlich prekären Verhältnissen wie manche seiner Helden. Dickens' Geburtshaus ist heute ein Museum, ausgestattet mit stilechten Möbeln und zahlreichen persönlichen Erinnerungsstücken, etwa dem Sofa, auf dem der Autor starb.

■ 393 Old Commercial Rd., www.charlesdickensbirthplace.co.uk, Fr–So 10–17 Uhr, 4,40 £, erm. 3,40 £

P Parken

Großes Parkhaus am Einkaufszentrum Gunwharf Quays, bis 3 Std. 4 £, Langzeit-Sonderpreise bei Vorlage eines Fährtickets zur Isle of Wight.

Cafés

€€ | Pie & Vinyl Originelles Konzept: Schallplattenladen und Café; zu aktueller (meist) britischer Popmusik gibt es vorzügliche gefüllte Pasteten, Kuchen und Quiches. Preiswert, frisch und lecker. ■ 61 Castle Rd., Tel. 023 92/75 39 14, www.pieandvinyl.co.uk, Mo–Sa 11–21, So 11–17 Uhr

€€ | The Florence Arms Freundliches Gastro-Pub in ehemaligem Wohnhaus, sehr gute britische Küche mit teils asiatischem Touch. Prima Vorspeisenplatten zum Teilen (»boards«), Steaks und Fisch (Tipp: Fisch-Curry). ■ 18–20 Florence Rd., Tel. 023 92/00 78 88, www.theflorencearmssouthsea.co.uk, Mo–Do 12–23, Fr, Sa bis 24, So bis 22.30 Uhr

14 Winchester

Englands liebenswerte alte Hauptstadt bietet höchste Lebensqualität

Information

■ Guildhall, High St., Winchester SO23 9GH, Tel. 019 62/84 05 00, www.visitwinchester.co.uk

»England, wie es einmal war« (England as it used to be) lautet der griffige Tourismus-Slogan von Winchester (40 000 Einw.). Tatsächlich wirkt die Stadt, die vom 9. bis zum 13. Jh. die Kapitale Englands war, auf eine sympathische Art gestrig: Die Häuser sind bis in die überschaubaren Außenbezirke bestens in Schuss, die Straßen erscheinen eine Spur aufgeräumter als anderswo, und über allem thront Alfred der Große, König der Angelsachsen, der 871–899 für die Einheit Englands und die Vereinheitlichung der altenglischen Sprache einstand.

Sehenswert

Winchester Cathedral

| Kathedrale |

Schon im 7. Jh. stand an gleicher Stelle ein romanisches Gotteshaus als Grablege angelsächsischer Könige. Errichtet wurde die heutige Kathedrale nach der Invasion durch die Normannen ab dem Jahr 1079. Wilhelm der Eroberer ließ sich aus politischen Gründen hier und in der Londoner Westminster Abbey krönen. Fertig waren die Arbeiten der Kathedrale erst in der zweiten Hälfte des 15. Jh. mit Abschluss der Hauptfassade, die von außen gedrungen und schmucklos wirkt. Erst im Inneren nimmt man die ungeheuren Ausmaße wahr: Nach dem Petersdom ist die Kathedrale der längste Kirchenbau Europas. Geborgen wie im Bauch eines gewaltigen Wals fühlt man sich unter dem fächerförmigen Rückgrat des Gewölbes, das das gesamte Langhaus auf knapp 170 m Länge überspannt. Im nördlichen Seitenschiff markiert eine Gedenktafel die Grabstelle von Jane Austen (1775–1817). Kaum zu übersehen ist das fein gearbeitete normannische Taufbecken (12. Jh.) aus schwarzem Marmor.

■ 9 The Close, www.winchester-cathedral.org.uk, Mo–Sa 9.30–17, So 12.30–15 Uhr, 9,50 £, Kinder frei

Wolvesey Palace & Castle

| Palastruinen |

Zwar sind es nur noch Ruinen, die von der einstigen Burg des normannischen Bischofs und früheren Abts von Glastonbury, Henry de Blois (1100–71), übrig sind. Aber diese sind doch wegen ihrer erstaunlichen Ausmaße und allein schon aufgrund der schönen Lage am Ende des Flussparks am River Itchen einen Besuch wert.

■ Tgl. bis zur Dämmerung, Eintritt frei

Great Hall

| Schloss |

Am Westende der von Geschäften und Cafés gesäumten High Street stand bis zu seiner fast vollständigen Zerstörung

Gefällt Ihnen das?

Vor der Artussage gibt es in Südengland kein Entkommen: Während in Winchesters Great Hall die Tafelrunde getagt haben soll, beansprucht **Tintagel** (S. 89) für sich, der Geburtsort des legendären Keltenkönigs zu sein, und in **Glastonbury** (S. 98) sollen seine sterblichen Überreste ruhen.

im Bürgerkrieg Winchester Castle. Nur die Great Hall blieb erhalten, deren Westwand die legendäre runde Tafel des ebenso legendären Königs Artus ziert. Die Herkunft des mysteriösen Möbelstücks verliert sich im Dunkel der Geschichte, allerdings scheint es nach wissenschaftlichen Analysen höchstens 600 Jahre alt zu sein – also etwas zu jung für den alten Mythos ...
■ Castle Avenue, tgl. 9.30–17 Uhr, 3 £, erm. 1,50 £

Parken

Cattle Market, Worthy Lane, 7 £/24 Std.

Restaurants

€ | **The Bishop on the Bridge** Wo der River Itchen rauscht: Populäres Pub mit sehr solider Speisekarte und lauschiger Terrasse am Fluss. ■ 1 High St., Tel. 019 62/85 51 11, www.bishoponthebridge.co.uk, tgl. 11–23, Fr, Sa bis 24 Uhr

€€ | **Rick Stein's** Fisch und Meeresfrüchte, aber auch einige Fleischgerichte in hervorragender Qualität, aufmerksamer Service und angenehmes Ambiente. ■ 7 High St., Tel. 019 62/35 35 35, www.rickstein.com, Mo–Fr 12–15, 17–22, Sa, So durchgehend

€€€ | **The Chesil Rectory** Etwas für Nostalgiker: solide britische Küche in einem 600 Jahre alten Fachwerkhaus. Mittags und am frühen Abend (18–19 Uhr) gibt es ein Menü zum Happy-Hour-Preis. ■ 1 Chesil St., Tel. 019 62/85 15 55, www.chesilrectory.co.uk, tgl. 12–14, 18–21.30 Uhr

Einkaufen

Farmers' Market Jeden zweiten und letzten Sonntag des Monats bietet der Bauernmarkt frische Produkte aus der Region, meist in Bioqualität. ■ Middle Brook St., 9–14 Uhr

Kingsgate Books & Prints Wunderschöner kleiner Buchladen im mittelalterlichen Stadttor mit einem erstaunlichen Sortiment an Landkarten, Drucken und antiquarischen Büchern. ■ Kingsgate Arch, Tel. 019 62/86 47 10, www.kingsgatebooksandprints.co.uk

In der Umgebung

Chawton

| Dorf |

Eine lohnende Landpartie führt in den South Downs National Park: Der Name des hübschen Dorfs ist untrennbar verbunden mit Jane Austen, der Autorin von »Sinn und Sinnlichkeit« und »Stolz und Vorurteil«. Das Cottage, in dem sie von 1809 bis 1817 ihre produktivsten Jahre als Schriftstellerin verbrachte, ist heute ein liebevoll mit Möbeln der Epoche eingerichtetes Museum. Zu sehen gibt es etwa originale Handschriften, Kleiderstücke und eine Erstausgabe ihres Romans »Stolz und Vorurteil«.
■ Tel. 014 20/832 62, www.jane-austens-house-museum.org.uk, tgl. 10–17 Uhr, 9 £, erm. 4 £

Highclere Castle

| Herrenhaus |

Fans der TV-Serie »Downton Abbey« mit Maggie Smith und Elizabeth McGovern können hier das »echte« Anwesen der fiktionalen Familie Crawley besuchen. Der bemerkenswerte Neorenaissance-Palast stammt vom Reißbrett des Architekten Charles Barry (1795–1860), der auch die Houses of Parliament und Big Ben in London schuf. Die Besitzer sind Lord und Lady Carnavaron. Sie bieten spezielle »Downton-Abbey«-Führungen mit Hintergrundinformationen zur Serie an. Der fünfte Earl von Carnavaron entdeckte 1922 zusammen mit Howard Carter das Grab von Tutanchamun, weshalb Highclere auch eine Sammlung ägyptischer Kunst zeigt.

■ Highclere Park, Newbury, Tel. 016 35/25 32 10, www.highclerecastle.co.uk, im Sommer tgl., sonst unregelmäßig, 17 £, erm. 11 £

Im Blickpunkt

Jane Austen, frühe Feministin?

Wer kriegt wen? So könnte man die Handlung von Jane Austens Romanen »Stolz und Vorurteil«, »Emma« und »Sinn und Sinnlichkeit« zusammenfassen, ihrer literarischen Bedeutung würde dies jedoch nicht gerecht. Schon als Mädchen begann die Pfarrerstochter (1775–1817) zu schreiben, inspiriert von der Bibliothek des Vaters. Zu Lebzeiten erschienen ihre Bücher ohne Autorenangabe (»by a Lady«), alles andere hätte für eine junge Frau als »unfein« gegolten. Hellsichtig und mit feiner Ironie beschreibt sie Konventionen und Beziehungen zwischen den Geschlechtern im frühen 19. Jh. aus weiblicher Sicht – eine damals unerhörte Perspektive. Zwar stellt Austen die herrschenden Verhältnisse nicht in Frage, doch die Abhängigkeit der Frauen von Ehe und Ehemann kommt recht unverblümt zur Sprache.

15 New Forest National Park

Steinalte Eichen, Ponys und Oldtimer im ehemaligen Jagdrevier der Könige

Information

■ New Forest Visitors Centre & Museum, Main Car Park, Lyndhurst SO43 7NY, Tel. 023 80/28 34 44, www.thenewforest.co.uk

Es gibt nicht mehr viel Wald in Großbritannien, denn das Empire verbrauchte im 18. und 19. Jh. Unmengen von Holz, um die Kriegsflotte aufzurüsten. Eine Vorstellung davon, wie Englands Süden in weiten Teilen einmal ausgesehen haben mag, vermittelt das ehemalige Jagdrevier der Könige: Der seit 2005 als Nationalpark ausgewiesene, 571 km² große New Forest bezaubert Besucher mit jahrhundertealten Baumriesen, Heidelandschaft, frei laufenden Ponys und Rotwild. Als Kontrastpunkt mitten im Grün überrascht das National Motor Museum mit einer großartigen Oldtimersammlung.

Lyndhurst (3200 Einw.) ist die beschauliche »Hauptstadt« des Nationalparks. Außer einer adretten High Street und der viktorianischen Pfarrkirche St Michael gibt es nicht viel zu sehen.

Zum New Forest National Park gehören auch Heidelandschaften

Sehenswert

Knightwood Oak

| Baum |

5 km südwestlich von Lyndhurst liegt an einer Seitenstraße der A 35 inmitten herrlicher Mischwälder der Picknickplatz Bolderwood. Schöne und bestens markierte Wanderwege erschließen von hier aus das Herz des New Forest, u. a. führen diese zum Rotwildreservat Deer Sanctuary und zur Knightwood Oak, der mit geschätzten 600 Jahren ältesten Eiche Englands.

National Motor Museum

| Automuseum |

9 *Eine Lordschaft mit Benzin im Blut*

Auf dem Anwesen des Lords von Montagu in Beaulieu (»schöner Ort«) entstand ab den 1950er-Jahren nach und nach aus dessen Privatsammlung das famose National Motor Museum. Bugatti, Sunbeam, Jaguar, Aston Martin und Triumph – mehr als 250 rare Automobile und Motorräder von den Anfängen der Motorisierung bis zur Formel 1, dazu Sondermodelle wie der Mini von Mr. Bean, machen den Rundgang nicht nur für Autonarren zum Erlebnis. Ein eigener Bereich ist der TV-Serie »Top Gear« gewidmet. Eine Hochbahn führt über das parkähnliche Areal bis zum Familiensitz seiner Lordschaft. Das prächtige Palace House, ehemals Teil einer Zisterzienserabtei aus dem 13. Jh., steckt voller Reminiszenzen an Edward Montagu (1926–2015), eine schillernde Jetset-Persönlichkeit. Sein Erbe verwaltet heute sein Sohn, Lord Ralph Montagu.

■ Beaulieu, Tel. 01590/612345, www.beaulieu.co.uk, tgl. 10–18 Uhr (im Winter bis 17 Uhr), 24,75 £, erm. 12,50 £ (online 19,50 £, erm. 9,50 £)

16 Isle of Wight

England im Miniaturformat

An der Westküste der Isle of Wight fallen Kreidefelsen steil ins Meer ab

Information

- Guildhall, High St., Newport PO30 1TY, Tel. 019 83/52 15 55, www.visitisleofwight.co.uk
- Parken: siehe S. 61

Nur zehn Minuten per Hovercraft-Fähre über den Meeresarm The Solent trennen die 377 km² große Insel von England, und doch ist sie eine kleine Welt für sich, bekannt für ihr besonders mildes Klima. Ein Großteil der Insel, auf der rund 140 000 Menschen leben, ist als »Area of Outstanding Natural Beauty« (AONB) geschützt. Schöne Strände zum Baden und Surfen säumen »The Island« zum Ärmelkanal hin, im Westen fallen fotogene Kreideklippen steil ins Meer ab. Das Hinterland ist grün und idyllisch und erschließt sich Besuchern am besten per Leihfahrrad oder E-Bike.

Sehenswert

1 Osborne House

| Palast |

Amalfiküste oder Ärmelkanal? Der Sommersitz Königin Victorias erinnert mit seinen Loggien und den beiden Campanile eher an eine mediterrane Villa als an ein englisches Herrenhaus. Victorias früh verstorbener Gemahl,

Albert von Sachsen-Coburg und Gotha, lebte hier sein Faible für Italien in vollen Zügen aus. Kolonialzeitliche Objekte, Vasen, Gemälde und nackte Nymphchen – so recht will das Interieur nicht ins sprichwörtlich sittenstrenge Zeitalter der langlebigen Queen (1819–1901) passen. Das Schlafzimmer mit dem Sterbebett wurde aus Respekt für die noch immer hoch verehrte Regentin nicht verändert. Auch die Badewanne sowie das fahrbare Badehäuschen am Privatstrand sind erhalten. Die Gartenterrassen wurden 2017 aufwendig restauriert.

■ East Cowes, www.english-heritage.org.uk, tgl. 10–18 Uhr, 18,50 £, erm. 11,10 £

Plan S. 60

2 Shanklin und Sandown

| Strandbäder |

Die beiden Orte an der Ostküste der Insel gehen fast nahtlos ineinander über. Die adrette Altstadt von Shanklin bietet mit ihren viktorianischen Häusern und reetgedeckten Dächern eine Reihe netter Fotomotive. Shanklin Chine, eine mit Moosen und fast tropisch anmutenden Farnen überwucherte Klamm, kann auf gesicherten Pfaden tags wie abends (dann bunt ausgeleuchtet) begangen werden. Den schöneren Badestrand hat dagegen Sandown.

3 Carisbrooke Castle

| Burg |

Im Inselinneren, am Stadtrand des Hauptortes Newport, thront auf einer Anhöhe jene Burg, in der König Charles I. nach dem Englischen Bürgerkrieg in Haft seiner späteren Hinrichtung 1649 harrte. Sein Fluchtversuch scheiterte kläglich, denn er blieb zwischen den Gitterstäben seiner Zelle

ADAC Mobil

Auf der Insel kommen Sie für 10 £ am Tag mit dem **Bus** so gut wie überall hin. Oder Sie gönnen sich ein wenig Bewegung und mieten ein **Fahrrad**, z. B. in Yarmouth bei www.wightcyclehire.co.uk. Zwischen dem Hovercraft-Hafen Ryde und dem Strandbad Shanklin pendeln zudem ehemalige **U-Bahn-Triebwagen** aus London (www.islandlinetrains.co.uk).

stecken. Unübertrefflich ist der Ausblick vom Wehrturm der ehemals normannischen Festung.

■ Newport, www.english-heritage.org.uk, tgl. 10–18 Uhr, 10,50 £, erm. 6,30 £

4 The Needles

| Felsinseln |

10 *Die steinernen Wahrzeichen der Isle of Wight*

Die »Nadeln«, das sind drei erodierte, 20–30 m hohe Kalksteinfelsen, die sich an das Westkap der Insel anschließen. Der Leuchtturm auf der äußersten Nadel war noch bis 1994 bemannt – heute lotst er die Schiffe automatisiert zu den Häfen von Portsmouth oder Southampton. Der Aussichtspunkt mit Blick auf die Felsspitzen ist nur zu Fuß oder per Pendelbus vom Parkplatz (5 £) erreichbar. Hinunter zur Alum Bay mit ihren in 22 Farbtönen schimmernden Felswänden schaukelt man bequem von der Spitze der Alum Bay Cliffs per Sessellift, auch wenn angesichts der steilen Abfahrt kurzzeitig der Atem stockt. Das beliebte Ausflugsziel hat sich zu einem regelrechten kleinen Rummelplatz entwickelt – entsprechend viel los ist hier vor allem an Sommerwochenenden.

■ www.theneedles.co.uk, tgl. 10–16 Uhr (im Sommer auch länger), 9 £, keine Ermäßigung

Verkehrsmittel

Autofähren (1 Std.) von Red Funnel verkehren von Southampton nach East Cowes (www.redfunnel.co.uk). Mit Wightlink (www.wightlink.co.uk). geht es von Lymington nach Yarmouth (40 Min.) sowie von Portsmouth nach Fishbourne (45 Min.). Ohne Auto gelangt man mit dem Katamaran von Wightlink (20 Min.) oder dem Hover-

craft von Hovertravel (10 Min., www.hovertravel.co.uk) von Portsmouth nach Ryde.

Parken

Lassen Sie das (Miet-)Auto in England, wenn Sie einen Ausflug zur Isle of Wight machen. Das 24-Std.-Parkticket am Hafen kostet in Portsmouth 13 £, in Lymington 5 £.

Restaurants

€ | **The Seapot** Kleines Lokal mit Meerblick, auch zum Draußensitzen – frischer Fisch und Schalentiere, preiswert. ■ Wheelers Bay Rd., Ventnor, Tel. 01983/857787, tgl. 11–16 Uhr, Plan S. 60 c3

€€ | **The Taverners** Stilvoll eingerichtetes Country Pub in ebenso nettem Dorf. Tipp: Cider aus den Obstgärten der Insel, dazu Lammgerichte und Pasteten. ■ High St., Godshill, Tel. 01983/840707, www.thetavernersgodshill.co.uk, Mo–Sa 11–23, So bis 17 Uhr, Plan S. 60 b3

Einkaufen

Jurassic Jim Fossilien, Mineralien, Halbedelsteine und als Dreingabe gratis Geschichten zu jedem Einkauf von Faktotum Jim höchstpersönlich. ■ 43 High St., Shanklin, Tel. 01983/864577, www.jurassicjim.com, Plan S. 60 c3

Kinder

Die tolle Aussicht auf die **Needles** (S. 60) mag schnell langweilig werden. Aber die nostalgischen Karussells und Süßigkeitenstände an der Bergstation des Lifts halten die Kleinen mit Sicherheit bei Laune.

Der Turm der Kathedrale von Salisbury ragt über 120 m hoch in den Himmel

17 Salisbury

Der Charme der Provinz und Kirchengotik in reinster Form

Information

■ Fish Row, Salisbury SP1 SWJ, Tel. 01722/342860, www.visitwiltshire.co.uk/salisbury

Eigentlich ist das moderne Salisbury sozusagen eine Trabantenstadt, denn die ursprüngliche Siedlung, Old Sarum genannt, lag rund 3 km abseits des heutigen Zentrums. Schon in der Eisenzeit befestigten Menschen den Hügel inmitten einer fruchtbaren Ebene. Ihnen folgten Römer, Sachsen und Normannen, bis es schließlich zu eng wurde und das Wasser knapp. Im 13. Jh.

legte Bischof Richard Poore Salisbury per Dekret eine Etage tiefer, zu Füßen der nun verlassenen Hügelfestung. Heute ist die Hauptstadt der Grafschaft Wiltshire mit der vielleicht schönsten gotischen Kathedrale Europas ein freundlicher Ort wie aus dem England-Bilderbuch.

Sehenswert

Salisbury Cathedral

| Kathedrale |

5 *Alles erscheint wie aus einem Guss – ein monumentaler Auftritt*

Seine planmäßige Anlage sieht man Salisbury bis heute am schachbrettartigen Grundriss an – höchst ungewöhnlich für eine mittelalterliche Stadt. Platz hatten die Baumeister genug, auch für eine besonders weitläufige Domfreiheit, die Cathedral Close. Durch die Distanz zur weltlichen Bebauung hat das Gotteshaus als Solitär einen besonders monumentalen Auftritt, nicht zuletzt wegen seines 123 m hohen Vierungsturms, dem höchsten in England. Erbaut wurde die Kathedrale quasi auf der »grünen Wiese« ab 1220 in nur 50 Jahren, 1330 kam der Turm hinzu. Das Hauptschiff ist mit 25 m ebenso breit wie hoch. Der hellgraue Kalkstein und die 8760 schlanken Säulen aus schwarzem Marmor ergeben einen perfekten Kontrast. Spitzbögen, Strebepfeiler und Fächergewölbe – alle Elemente weisen gen Himmel: »Early English«, also englische Frühgotik in Reinform und buchstäblich zum Niederknien. Aus dem Jahr 1386 stammt die älteste funktionierende Uhr der Welt im nördlichen Seitenschiff.

■ 6 The Close, www.salisburycathedral.co.uk, Mo–Sa 9–17, So 12–16 Uhr, Eintritt frei bei vorgeschlagener Spende in Höhe von 7,50 £, Kinder 3 £

Market Square

| Marktplatz |

Auf dem historischen Markt im Herzen der Altstadt ist immer etwas los. Dienstags und samstags verkaufen Bauern regionale Produkte; Geschäfte, Cafés und Pubs laden zum absichtslosen Bummeln ein. Am Platz und in den Seitenstraßen stehen einige schöne Beispiele für die Fachwerkbauweise der Tudorzeit.

Restaurants

€€ | **The Chapter House** Schönes Altstadtlokal mit britisch-südafrikanischer Küche, hervorragende Steaks, aber auch feine Veggie-Alternativen. ■ 9–13 St. Johns Street, Tel. 017 22/34 12 77, http://thechapterhouseuk.com

Einkaufen

11 **Fisherton Mill** Galerien, Boutiquen, Café und Veranstaltungsraum in einer ehemaligen Textilmühle – ein wunderbarer Rahmen zum Stöbern, Schauen und Entspannen. ■ 108 Fisherton St., Tel. 017 22/50 02 00, www.fishertonmill.co.uk, Mo–Sa 10–17 Uhr

In der Umgebung

Wilton House

| Galerie |

Das Stammhaus der Earls of Pembroke entstand im 16. Jh. auf dem Grund eines aufgelösten Nonnenklosters und ist bekannt für seine pompösen Säle sowie eine prächtige Parklandschaft. Immer wieder spielte der Landsitz auch im Kino eine Rolle, etwa in »Vic-

Salisbury Cathedral, der Inbegriff englischer Gotik

toria, die junge Königin« (2009) oder »Tomb Raider« (2018). Unerhört wertvoll ist die Gemäldesammlung der Earls: Rembrandt, Rubens, van Dyck und Brueghel sind dabei nur die allergrößten Namen.

■ Wilton, Salisbury, www.wiltonhouse.co.uk, So–Do 11.30–17 Uhr, 15,50 £, erm. 8 £

18 Stonehenge

6 *Rätsel um einen 5000 Jahre alten Steinkreis*

Zwei Dinge sollte man vorab wissen, um Enttäuschungen zu vermeiden: Der direkte Zugang zum berühmtesten Steinkreis der Welt ist generell nicht möglich – als Besucher umrundet man die frühzeitliche Kultstätte also in einem Abstand von etwa 80 m. Und den Eintritt löst man besser schon vorab online zur festgelegten Stunde; spontan geht vor allem im Sommer oft gar nichts. Bereits von der Landstraße A 303 aus sind die Monolithen mitten in der Ebene von Wiltshire deutlich zu erkennen. Über das Besucherzentrum mit der Nachbildung eines neolithischen Hauses nähert man sich der Struktur, die in einer ersten Bauphase vor etwa 5000 Jahren als kreisförmiger Erdwall entstand. Innerhalb des Kreises stießen Archäologen auf einen weiteren Kreis mit 56 Löchern mit menschlicher Asche (»Aubrey Holes«, nach ihrem Entdecker). Am Zugang zum Wall erhebt sich der Heel Stone (»Fersenstein«). Erst etwa 500 Jahre später kamen 2 m hohe und 4 t schwere Bluestones hinzu, vermutlich auf Holzschlitten aus den 450 km entfernten walisischen Bergen antransportiert. Später folgten die 30 Sarsen, 7 m hohe und 25 t schwere Sandsteinfindlinge aus den Marlborough Downs (30 km

Im Blickpunkt

Wenn Steine sprechen könnten

Man weiß so wenig. Obwohl Archäologen Stonehenge bis ins Detail untersucht haben, bleiben doch viele Fragen offen. Was brachte die Menschen dazu, diese gewaltigen Felsblöcke mit beschränkten technischen Mitteln meilenweit zu transportieren und aufzurichten? Darüber lässt sich trefflich spekulieren. So halten seriöse Forscher Stonehenge wahlweise für die Grablege von Steinzeit-VIPs, für ein Sonnen-Observatorium oder für eine druidische Heilstätte für Patienten aus halb Europa. Ufologen fantasieren, den Auftrag zum Bau hätten Außerirdische erteilt, wieder andere schreiben das Monument gar dem Zauberer Merlin zu. Im Laufe der Zeit bauten sicherlich verschiedene Völker Stonehenge immer wieder um und passten womöglich auch die Bedeutung des Ortes an die herrschenden religiösen Vorstellungen an. Außerhalb des Walls deuten Hügelgräber und deren Beigaben darauf hin, dass sich dort sowohl Fürsten der sogenannten Wessex-Kultur als auch noble Pilger vom europäischen Festland bestatten ließen. Übrigens wurden auch in der Neuzeit wiederholt Manipulationen am Steinkreis vorgenommen: Es gibt keinen Stein, der nicht schon von Forschern des 19. und 20. Jh. mindestens zweimal umgedreht wurde. Besonders unsensibel ging man bei Grabungen 1958 vor, als mit Baukränen und Baggern Steine erst ausgehoben und dann umgesetzt wurden. Fest steht dennoch, dass Stonehenge bis heute die Menschen magisch anzieht. Zur Sommersonnenwende versammeln sich dort Zehntausende von New-Age-Jüngern, Alt- und Jung-Hippies, um die Sonne zu begrüßen. Oder auch bloß, um ein paar Selfies zu verschicken, quasi live aus der Steinzeit.

entfernt). Auf diese wurden als Decksteine 7 t schwere Hanging Stones gewuchtet, verbunden mit den Sarsen durch präzise Verzapfungen, quasi im Lego-System. Im Zentrum des Kreises steht ein Altarstein, von dem aus gesehen die Sonne am 21. Juni exakt in einer Achse über dem Heel Stone aufgeht.

■ nahe Amesbury, Wiltshire SP4 7DE, Tel. 0370/3331181, www.english-heritage.org.uk/visit/places/stonehenge, tgl. 9–20, Sept.–15. Okt. 9.30–19, 16. Okt.–31. März 9.30– 17 Uhr, 19 £, erm. 11,40 £ bei Online-Buchung mit fixem Zeitpunkt, Kasse schließt 2 Std. vorher

19 Shaftesbury

Englische Dorfromantik und überraschende Safari-Exotik

Information

■ 8 Bell St., Salisbury SP7 8AE, Tel. 01747/853514, www.shaftesburytourism.co.uk

Wenn in der Werbung ein Bild für typisch englisches Landleben gebraucht wird, muss oft Shaftesbury herhalten, so idyllisch wirkt der Marktflecken an der Grenze zwischen den Grafschaften Dorset und Wiltshire. Der Besuch lohnt nicht nur des Klischees wegen, sondern auch wegen der Nähe zu den Herrenhäusern Longleat und Stourhead.

Sehenswert

Gold Hill

| Dorfstraße |

Alte Häuser ducken sich unter Reetdächern und an eine steile kopfsteingepflasterte Straße. Der Blick reicht von hier weit ins grüne Hügelland des Blackmoor Vale: Nirgendwo scheint die Welt so in Ordnung zu sein wie in Shaftesbury – zumindest bis die nächste Reisegruppe anrückt. Der »Goldene Hügel« verdankt seinen Titel eigentlich einem Hörfehler, denn ursprünglich hieß er nach dem Rathaus Guildhall Hill.

ADAC Spartipp

Keine Frage, Stonehenge ist einmalig. Aber der Eintritt nicht gerade ein Schnäppchen, und stark besucht ist die Top-Attraktion auch noch. Wer einen ebenso faszinierenden Steinkreis zum Nulltarif und ohne Besuchermassen erleben möchte, ist in Avebury (S. 115) genau richtig. Und hier können Sie die Steine sogar anfassen!

Shaftesbury Abbey

| Klosterruine |

Gegründet wurde der kleine Ort 888 als Klostersiedlung, allerdings stehen von der Shaftesbury Abbey nur noch die fotogenen Ruinen. Die Geschichte der Abtei dokumentiert das Klostermuseum, das von einem idyllischen Park umgeben ist.

■ www.shaftesburyabbey.org.uk, tgl. 10–17 Uhr, 4 £, Kinder frei

In der Umgebung

Stourhead

| Landschaftspark |

12 *Der Garten als Ausdruck feiner Lebensart*

Henry Hoare machte keine halben Sachen. Der kunstsinnige Bankier, der Italien und die Antike liebte, ließ ab

1743 kurzerhand das halbe Dorf Stourton abreißen, um auf dem geerbten Landsitz Platz zu schaffen für sein Ideal eines Gartens als Gesamtkunstwerk. Er ließ einen See mit Buchten und Halbinseln anlegen; Tempelchen, Grotten und Brücken schmücken das 1000 ha große Areal. Auf dem höchsten Punkt thront King Alfred's Tower, dem Campanile auf Venedigs Markusplatz nachempfunden. Auf einem knapp 4 km langen Rundweg lustwandelt man staunend durch die scheinbar natürliche und doch so komplett artifizielle Traumlandschaft.

■ Stourton, Warminster, Tel. 01747/841152, www.nationaltrust.org.uk/stourhead, tgl. 10–17 Uhr, 19,50 £, erm. 9,70 £

Longleat House

| Safaripark |

Eines der größten und meistbesuchten Landhäuser Südenglands liegt knapp 20 km nordwestlich von Shaftesbury. Sir Henry Thynne, Marquis von Bath, öffnete den noblen Familiensitz 1946 dem Publikum. Besonders schön ist das große Heckenlabyrinth des Anwesens. 1966 setzte der damalige Marquis dem Ort Longleats sein eigentliches Markenzeichen, indem er Europas ersten Safaripark einrichtete. Mit dem eigenen Pkw durchquert man quasi Klein-Afrika mitten in Wiltshire. Zu sehen gibt es frei laufende Löwen, Nashörner, Elefanten, während das Affenvolk sich auf Autodächern amüsiert. Kinder dürfen unter Aufsicht exotische Tiere wie Papageien oder Giraffen füttern.

■ Longleat, Warminster, Tel. 01985/844000, www.longleat.co.uk, April–Okt. tgl. 10–18 Uhr, sonst unregelmäßig, aktuell auf Webseite informieren, Tageskasse 34,95 £, erm. 26,20 £, online 29,70 £, erm. 22,27 £

20 Bournemouth

Zehn Kilometer Sand und endlose Partystimmung

Information

■ Pier Approach, Bournemouth BH2 5AA, Tel. 01202/451734, www.bournemouth.co.uk

Bournemouth ist auf Sand gebaut. Das jüngste der klassischen Seebäder existiert erst seit gut 200 Jahren, vorher gab es an diesem Teil des Ärmelkanals nichts als Dünen und grasbewachsene Klippen, die als Baugrund denkbar ungeeignet erschienen. Erst mit dem Beginn des Bade- und Kurtourismus im 19. Jh. entdeckten wohlhabende Städter den Küstenabschnitt, und bald galt Bournemouth als schicke Sommerfrische. Größtes Kapital der Stadt ist der herrliche Sandstrand, während das Stadtbild oberhalb der Küstenlinie selbst ganz untypisch für britische Seebäder wirkt: Kiefernalleen, breite Straßen und ein wilder architektonischer Mix aus Gründerzeit und 1970er-Jahren erinnern an Ferienorte an der Adria oder Biskaya.
Beliebt ist die Stadt bei feierfreudigen Sprachschülern aus der ganzen Welt.

Sehenswert

Bournemouth Pier

| Seebrücke |

Der zentrale Treffpunkt ist der Pier von 1880. Das Unterhaltungsangebot auf der Seebrücke ist ganz auf die Jugend zugeschnitten. Am Strand entlang gelangt man zu Fuß in 20 Min. nach Osten in den Vorort Boscombe. Nach Westen kann man den Strandspaziergang ent-

Bournemouth ist ein klassisches englisches Seebad

lang bunter Badehäuschen gut und gern auf zwei Stunden ausdehnen, bis man in Sandbanks auf den Fähranleger nach Purbeck (S. 68) stößt.

Lower Gardens

| Park |

Die Lower Gardens stellen die Verbindung zwischen dem zentralen Platz The Square (Einkaufszentren, Cafés) und dem Strand dar. Daran schließen sich die Central Gardens an, beide schön anzusehen mit Teichen, Musikpavillons und subtropisch anmutender Bepflanzung.

Russel-Cotes Art Gallery and Museum

| Kunstmuseum |

13 *Eine Wunderkammer aus Bournemouths Gründerzeit*

Hotelier, Mäzen und Bürgermeister war Sir Merton Russel-Cotes (1835–1921), der seine Art-nouveau-Villa mit Meerblick und prächtigem Garten im Alter der Öffentlichkeit zugänglich machte. Mit seiner Gattin hatte er sich eine 18-monatige Weltreise gegönnt und allerlei exotische Kunst angehäuft, vor allem aus Asien und Ozeanien. Viktorianisches Mobiliar, Gemälde und Skulpturen runden die sehenswerte Sammlung ab.

■ East Cliff Promenade, www.russellcotes.com, Di–So 10–17 Uhr, 7,50 £, erm. 4 £

Restaurants

€ | **Chez Fred** »Best Fish and Chips in Town« – dem gibt es nichts hinzuzufügen. ■ 10 Seamoor Rd., Westbourne, Tel. 01202/761023, www.chezfred.co.uk, Mo–Sa 11.30–14, 16.30–20.40, So 16.30–20.20 Uhr

€€ | **Urban Reef** Beste Lage am Boscombe Pier, Terrasse mit direktem Meerblick, ausgezeichnete regionale Küche. Im angeschlossenen Wood Oven gibt es parterre auch sehr gute Holzofenpizza. ■ Undercliff Drive, Boscombe, Tel. 01202/443960, www.urbanreef.com, tgl. 8–23 Uhr

Kneipen, Bars und Clubs

The Old Fire Station Immer eine heiße Adresse: Bar, Club und Konzerthalle in ehemaliger Feuerwache. ■ 36 Holdenhurst Rd., Tel. 01202/963889, www.oldfirestation.co.uk

In der Umgebung

Isle of Purbeck
| Landschaft |
Lange Zeit auf dem Landweg schwer zugänglich, blieb die Halbinsel Rückzugsraum für Schmuggler und Piraten. Bekannt war sie schon im Mittelalter für ihre geologischen Schätze: So fand der schwarze Purbeck-Marmor, eigentlich ein muschelhaltiger Kalkstein, Verwendung beim Bau der Kathedrale von Salisbury.
Heute ist die abwechslungsreiche Küste ein beliebtes Ausflugsziel. Swanage ist ein kleines Seebad und Fischerstädtchen mit freundlicher Atmosphäre. Im Hinterland thront die Burgruine Corfe Castle dramatisch über dem gleichnamigen Dorf. An der Lulworth Cove, einer perfekt geformten Strandsichel, reiht man sich vor allem an Wochenenden ein in die nicht endenwollende Prozession der Ausflügler auf dem steilen Anstieg zum Durdle Door, einem erodierten Felstor im Meer.

ADAC Mobil

Die kuriose kettenbetriebene Sandbanks Ferry zwischen Poole und der Isle of Purbeck braucht nicht einmal 5 Min. für die Überfahrt, erspart aber dem Reisenden nach Swanage und Corfe Castle gut 35 km Umweg. Die Fähre pendelt permanent hin und her, eine einfache Fahrt kostet pro Pkw 4,50 £.
www.sandbanksferry.co.uk

21 Weymouth

Gibraltar am Ärmelkanal und Kies bis zum Horizont

Information

■ 15 St Alban St., Weymouth DT4 8PY, Tel. 01305/779410, www.weareweymouth.co.uk

Anders als Bournemouth ist Weymouth ein in Jahrhunderten gewachsener Ort, der nicht nur vom Tourismus, sondern auch vom Fischfang lebt. 1789 beschloss der psychisch labile George III. als erster König, den Sommer nicht mehr im Kurort Bath, sondern am Meer in Weymouth zu verbringen – deshalb ist man stolz darauf, das erste Seebad des Landes gewesen zu sein. Heute gilt die Stadt als bodenständiger Ferienort für Familien.

Sehenswert

The Esplanade
| Promenade |
Blickfang an der Esplanade mit dem feinsandigen Stadtstrand ist die Turmuhr Jubilee Clock, die 1887 zum 50. Regierungsjubiläum Königin Victorias errichtet wurde. Auf der anderen Seite der Altstadt liegt der Hafenbezirk, wo Jachten und Fischkutter sichere Liegeplätze finden.

Nothe Fort
| Festung |
Der Marinestützpunkt zwischen Weymouth und Portland war im 19. Jh. von

Im Blickpunkt

Küste aus grauer Vorzeit

Die Jurassic Coast ist nicht nur Weltnaturerbe der UNESCO, sondern auch ein wahres Fest für Geologen, die in den Gesteinsschichten zwischen Exmouth und Swanage lesen wie in einem offenen Buch zur Erdgeschichte. Von West nach Ost treten hier Strukturen aus aufeinanderfolgenden Epochen zutage: Die Sandsteinfelsen der »Roten Küste« bei Sidmouth stammen aus dem Trias vor rund 250 Mio. Jahren, als hier eine fremdartige Wüstenlandschaft wie auf dem Mars existierte. Die ockerfarbenen Klippen von West Bay bestehen aus versteinertem Lehm aus der Jurazeit vor 150 Mio. Jahren; heiße Sümpfe und Farnwälder prägten damals die Gegend. »Erst« vor 65 Mio. Jahren entstanden schließlich die fotogenen Felsentore und weißen Nadeln der Isle of Purbeck aus dem Kalk komprimierter Muscheln und Korallen – fossile Relikte einer Zeit, als der kühle Ärmelkanal Teil eines tropisch warmen Meeres gewesen sein muss.

großer strategischer Bedeutung, weswegen weit ins Meer hinausreichende, wellenbrechende Molen aufgetürmt wurden – aus 6 Mio. Tonnen Stein entstand der größte künstliche Hafen der Welt. Zu dessen Schutz baute die Navy ab 1860 eine weitläufige Bastion mit Artilleriestellungen. 1961 erwarb die Stadt das verlassene Fort und machte es öffentlich zugänglich. Heute ist das Areal ein beliebter Park mit schönem Blick auf Stadt und Bucht.

Restaurants

€ | **The Marlboro 1** »In Cod We Trust«: Prima Fish & Chips, nicht nur vom Kabeljau (Cod); auch andere Meeresfrüchte und Curries – einfach und gut. ■ 46 St. Thomas Street, Tel. 013 05/78 57 00, https://marlbororestaurant.co.uk

€€ | **The George** Schön am inneren Hafen gelegen, lebendige Atmosphäre, gelungene Mischung aus Restaurant und Pub. ■ 2–4 Custom House Quay, Tel. 013 05/78 96 35, nur noch Facebook, tgl. 10–1 Uhr

Kneipen, Bars und Clubs

The Gloucester Beliebter Treffpunkt im Souterrain an der Strandpromenade, am Wochenende wird Livemusik geboten oder ein lokaler DJ legt auf. Das angeschlossene Restaurant ist spezialisiert auf Steaks vom Lavagrill. ■ 85 The Esplanade, Tel. 013 05/77 76 97, www.thegloucesterweymouth.co.uk

In der Umgebung

Isle of Portland

| Halbinsel |

Nur eine schmale Landzunge verbindet das »Gibraltar des Ärmelkanals« mit dem Festland. Aus den Steinbrüchen Portlands stammt ein besonders begehrter Kalkstein, der sich an prominenten Stellen rund um den Globus wiederfindet, etwa an der Fassade des New Yorker UN-Hauptquartiers. Auf Portland waren im Zweiten Weltkrieg in Vorbereitung der Invasion eine halbe Million US-Soldaten stationiert. Im Krieg versah auch »My Girl« ihren

Die Kiesbank Chesil Beach erstreckt sich scheinbar ins Unendliche

Dienst. So heißt das kleine Transportboot, das heute als Portland Ferry den Hafen von Weymouth mit der Halbinsel verbindet (6 £ einfach, erm. 3 £, nur bei ruhiger See).

Chesil Beach

| Strand |

7 *Rolling Stones, so weit das Auge reicht*

Ein Naturwunder ersten Ranges: Fast 30 km lang ist die Kiesbank, die sich von Portland bis West Bay erstreckt, dahinter liegt die Brackwasserlagune The Fleet – ein Paradies für Wasservögel. Das nie verstummende Rauschen der ungezählten rollenden Kiesel in der Brandung hinterlässt einen bleibenden Eindruck. Nur zum Baden sollte man sich keinesfalls verleiten lassen, denn die Strömung und der instabile Grund sind lebensgefährlich. Den besten Zugang mit Parkplatz am Strand bietet übrigens eine schmale Stichstraße in dem hübschen Dorf Abbotsbury.

22 Lyme Regis

Fossilienjagd an den Steilküsten der Jurassic Coast

Information

■ Church St., Lyme Regis DT7 3PS, Tel. 012 97/44 21 38, www.lymeregis.org und www.jurassiccoast.org

Das liebenswert altmodische Seebad ist ein guter Standort, um sich an den Stränden der Jurassic Coast auf die Suche nach Fossilien zu machen oder um ein paar Etappen entlang des South West Coast Path zu wandern.

Sehenswert

Lyme Regis Museum

| Museum |

Alles begann 1811, als die 12-jährige Mary Anning am Strand einen versteinerten Fischsaurier entdeckte. Die Geschichte der späteren Paläontologin sowie zahlreiche Fossilien und Exponate zu Geologie und Historie der Region lohnen den Besuch. Außerdem bietet das Museum Fossilien-Touren mit einheimischen Kennern an den erfolgversprechendsten Plätzen an. Hammer und Meißel werden gestellt.

■ Bridge St., www.lymeregismuseum.co.uk, tgl. 11–16.30 Uhr, 5,95 £, erm. 2,75 £

Restaurants

€€ | **Largigi** Primär thailändische Spezialitäten, aber auch Fish and Chips, Sandwiches, Kaffee und Kuchen. ■ Marine Parade, Tel. 012 97/44 24 32, www.largigi.com, tgl. 9–21.30 Uhr

Kinder

Donkey Sanctuary

| Eselzoo |

Nicht nur Kinder lieben die bis zu 500 freundlichen Grautiere, die hier auf einem weitläufigen Gelände ihren Lebensabend verbringen dürfen, unterhalten von tierlieben Spendern. Auf einer frei zugänglichen Koppel lassen sich die Esel offensichtlich gern streicheln und mit frischem Blattgrün füttern. ■ Slade House Farm, Sidmouth, tgl. 9–16.30 Uhr, Eintritt frei (Spende erbeten), www.thedonkeysanctuary.org.uk

ADAC Wussten Sie schon?

Die Klippe aus der Krimi-Erfolgsserie »Broadchurch«, die auch im deutschen Fernsehen lief, steht in West Bay zwischen Weymouth und Lyme Regis an der Jurassic Coast. Fans des subtilen Thrillers pilgern in das Fischerdorf, um die Schauplätze des TV-Dramas live zu sehen. Vorsicht an den bröckelnden Klippen!

ADAC Mittendrin

Gleich hinter der Jurassic Coast liegt eines der urigsten Country Pubs der Grafschaft Dorset: Das Bottle Inn (seit 1585) zapft bestes regionales Ale und Apfel-Cider und tischt freitags ein famoses Curry auf. Reine Geschmackssache ist hingegen das traditionelle Brennnessel-Wettessen im Juni ...

Marshwood (Bridport), Tel. 012 97/67 84 84, www.bottle-inn.net

In der Umgebung

Sidmouth

| Seebad |

Die geschlossene Reihe der bestens erhaltenen Regency-Häuser an der Promenade mit ihren typischen gusseisernen Balkonen belegt die lange Geschichte des Badeortes an der Mündung des River Sid. Als Baby verbrachte Königin Victoria hier ihre ersten Lebensmonate. Das ältere Stammpublikum spaziert gern durch die gepflegten Connaught Gardens auf einer Anhöhe am Westende des Ortes. Daran schließt sich der schöne Strand Jacob's Ladder an, begrenzt von einem imposanten roten Kliff. Abends treffen sich die Besucher fortgeschrittenen Alters gern bei Bridge und Bingo.

Übernachten

Es mag seltsam erscheinen, aber echte Strandhotels mit Zugang zum Meer sind an der Jurassic Coast Mangelware, und wo es sie gibt, sind sie alles andere als Schnäppchen. Auch wer Wert auf ein Zimmer mit Seeblick legt, zahlt selbst im simplen B&B einen Aufschlag. Ein wichtiges Kriterium bei der Wahl der Unterkunft ist die Verfügbarkeit von hoteleigenen Parkplätzen: Ist ein Parkplatz im Zimmerpreis inklusive, spart man sich die vor allem in größeren Orten empfindlich teuren Langzeitgebühren an der Parkuhr. Das beste Quartier für Stonehenge-Besucher ist Salisbury, denn direkt am Steinkreis gibt es keine Unterkünfte.

Portsmouth 52

€ | **Seacrest** Nettes, familiengeführtes Haus in der ersten Reihe an der Promenade im Stadtteil Southsea. Die 28 Zimmer sind teils klein, aber gemütlich und komfortabel. Schöner Meerblick. Parken gratis. ■ 11–12 South Parade, Portsmouth PO5 2JB, Tel. 023 92/73 31 92, www.seacresthotel.co.uk

Winchester 54

€€ | **The Old Vine** Stimmungsvolles kleines Haus mitten in der Altstadt, vier individuell eingerichtete Zimmer und ein fast schon luxuriöses Apartment. Auch eines der angesagtesten Gastro-Pubs der Stadt. ■ 8 Great Minster St., Winchester SO23 9JH, Tel. 019 62/85 46 16, www.oldvinewinchester.com

New Forest 56

€€€ | **Balmer Lawn** Schickes Landhotel mit großem Spa-Angebot und exzellentem Restaurant. Einziges Problem: Man will gar nicht vor die Tür gehen ... ■ Lyndhurst Rd., Brockenhurst SO42 7ZB, Tel. 015 90/42 10 40, www.balmerlawnhotel.com

Isle of Wight 58

€ | **One Holyrood B&B** Zentral im Hauptort der Insel gelegene Pension mit eigenem Tea Room, wenige Minuten zu Fuß zum Busbahnhof. Sieben nette Zimmer und eine Ferienwohnung mit Küche. Vergleichsweise preisgünstig. ■ 12 Holyrood St., Newport, Isle of Wight PO30 5AU, Tel. 019 83/51 17 17, www.oneholyrood.co.uk

€€ | **Luccombe Hall** Tolle Lage auf einer Klippe mit bestem Meerblick, kleiner Außenpool und Gartenterrasse. Tipp: Executive Rooms mit eigenem Balkon. ■ 8 Luccombe Rd., Shanklin PO37 6RL, Tel. 019 83/86 90 00, www.luccombehall.co.uk

€€ | **The George** Hotel in viktorianischem Stadthaus zwischen Pier und Fähranleger. Sehr angenehm: Die Restaurantterrasse zum Draußensitzen am Wasser. ■ Quay St., Yarmouth PO41 0PE, Tel. 019 83/76 03 31, www.thegeorge.co.uk

Salisbury 61

€ | **The Old Mill** Schöne Lage in historischer Mühle am Flussufer, 10 Minuten zu Fuß ins Zentrum, Parken kostenlos. ■ West Harnham, SP2 8EU, Tel. 017 22/32 75 17, https://oldmillhotel salisbury.co.uk

€ | **The Old Rectory** Familiäres B&B in einem ruhigen Wohngebiet, einen Spaziergang vom Stadtzentrum entfernt. Nette Gastgeber, tolles Frühstück – das Preis-Leistungs-Verhältnis ist hervorragend. ■ 75 Belle Vue Road, Tel 017 22/41 53 79, www.theoldrectory bedandbreakfast-salisbury.co.uk

Bournemouth 66

€€ | **The Cottonwood** Etwas abseits des Trubels, in schöner Lage im Stadtteil Westcliff, 15 Min. zu Fuß zum Pier. Etwas kuriose Einrichtung zwischen Kitsch und Kunst, große Zimmer mit Meerblick. Ein Hingucker: der alte Aufzug. ■ East Overcliff Drive, Bournemouth BH1 3AP, Tel. 01 20/236 72 81, www.thecottonwoodboutique.co.uk

€€ | **Urban Beach** Entspanntes Ambiente in modernisiertem alten Stadthaus im Viertel Boscombe, wenige Gehminuten zum Strand. Große Zimmer, tolles Frühstück bis 11.30 Uhr – eine Rarität in England! ■ 23 Argyll Rd., Boscombe BH5 1EB, Tel. 012 02/30 15 09, www.urbanbeach.co.uk

ADAC Das besondere Hotel

Vintage Vacations Urlaub im Airstream: Die silbrig glänzenden Großraum-Caravans mit der Aluminiumhaut stammen aus den USA, im originalen Look der 1950er- und 1960er-Jahre inklusive entsprechenden Accessoires. Vermietung tage- und wochenweise.

€€ | Hazelgrove Farm, Ashey Rd., PO33 4BD Ashey (Ryde), Isle of Wight, Tel. 078 02/75 81 13, www.vintagevacations.co.uk

Weymouth 68

€ | **Bay View** Very british, liebevoll und persönlich geführt, mit viel Nippes dekoriert. Zimmer recht geräumig, für das Gebotene preiswert. ■ 35 The Esplanade, Weymouth DT4 8DH, Tel. 013 05/78 20 83, www.bayview-weymouth.co.uk

€ | **Rex** Altmodisches Haus in praktischer Lage zwischen Strandpromenade und Hafenviertel, Zimmer teils mit Strandblick. ■ 29–30 The Esplanade, Weymouth DT4 8DN, Tel. 013 05/76 04 00, www.kingshotels.co.uk

Isle of Purbeck 68

€€ | **Purbeck House** Anwesen aus dem 19. Jh. im Stil eines schottischen Landschlosses. Zum Stadtstrand von Swanage gelangt man in fünf Gehminuten. ■ 91 High St., Swanage BH19 2LZ, Tel. 019 29/42 28 72, www.purbeckhouse hotel.co.uk

€€€ | **Mortons House Hotel** Wohnen wie ein Lord in einem elisabethanischen Adelshaus in Sichtweite der Burgruinen von Corfe Castle. Zimmer mit historischem Flair, teils mit Himmelbetten. ■ East St., Corfe Castle BH20 5EE, Tel. 019 29/48 09 88, www.mortonshouse.co.uk

Lyme Regis 70

€€€ | **Alexandra** Fantastische Lage hoch über Stadt und Bucht, großzügige Zimmer, schöne Terrasse. Das Ganze hat aber seinen Preis. ■ Pound St., Lyme Regis DT7 3HZ, Tel. 012 97/44 20 10, www.hotelalexandra.co.uk

Der Südwesten: Devon und Cornwall

Englands schönstes Ende lockt mit grandiosen Stränden, spektakulären Sonnenuntergängen und abenteuerlichen Geschichten

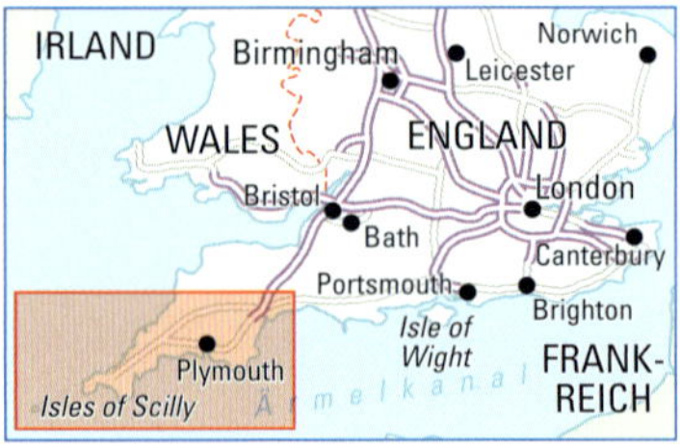

Der Südwesten überrascht mit unerwarteten Gegensätzen jenseits aller Rosamunde-Pilcher-Klischees. Auf der rauen und ungeschminkten Seite liegen die Hochmoore von Dartmoor. Mild und adrett herausgeputzt erscheint nur wenige Meilen entfernt die Englische Riviera von Dartmouth bis Torquay. Ganz entspannt im Hier und Jetzt gibt sich die Provinzstadt Exeter. Quirlig und dem Meer zugewandt ist seit Sir Francis Drake die Hafenmetropole Plymouth. Cornwall, einst das Armenhaus, macht dank des Tourismusbooms zumindest an den wunderschönen Küsten im Wortsinn viel Boden gut. Zwischen dem Surferparadies Newquay und der Künstlerkolonie St Ives wechseln weite Sandstrände und malerische kleine Buchten einander ab. Das viel fotografierte Land's End scheint das Sehnsuchtsziel nicht nur britischer Besucher zu sein. Dabei ist am Westkap noch lange nicht Schluss: Die Isles of Scilly mitten im Atlantik gelten als eine Art Vorposten der Karibik – landschaftlich wie preislich.

In diesem Kapitel:

ADAC Top Tipps:

8 **The Lost Gardens of Heligan, St Austell**
| Landschaftspark |
Eine abenteuerliche Mixtur aus Zier- und Nutzgarten, Skulpturenpark und Urwald: Auf 400 ha Fläche werden Obstbäume und Ananas kultiviert, während im schluchtartigen »Dschungel« Farnbäume und Palmen wuchern. ... 82

9 **Tate St Ives**
| Museum |
Das einzigartige Licht am Strand von St Ives inspirierte ganze Generationen von Künstlern. Die gelungene Architektur des Hauses fängt dieses Licht

auf geniale Weise ein und bringt die Werke von Barbara Hepworth oder Patrick Heron zum Leuchten. 86

ADAC Empfehlungen:

14 Krispies Fish & Chips, Exmouth
| Restaurant |
Träger des »National Fish and Chips Award 2019« – besser kann man das britische Nationalgericht nicht bekommen. Das ist somit amtlich! 77

15 The Warren House Inn, Dartmoor National Park
| Pub |
Völlig einsam mitten im Dartmoor National Park gelegenes uriges Pub. Das Kaminfeuer brennt seit 1845 angeblich ununterbrochen. 80

16 Eden Project, St Austell
| Botanischer Garten |
Unter den Kuppeln erlebt man die Fauna der Regenwälder, der Subtropen oder Kaliforniens. 82

17 Minack Theatre, Penzance
| Freilichtbühne |
Gern gespielt werden Shakespeare und Verdi, aber das eigentliche Schauspiel bietet die Natur: Das Theater liegt direkt an der Felsküste. 85

18 Isles of Scilly
| Archipel |
Die 150 Inseln und Inselchen erfreuen dank des Golfstroms mit fast subtropischem Klima. 85

19 Pengenna Pasties, Tintagel
| Bäckerei |
Cornish Pasties, gebackene Teigtaschen mit einer Füllung aus Rinderhack, Kohl und Kartoffeln, waren einst die »Lunchpakete« der Minenarbeiter. Hier gibt es die besten. 89

20 The Imperial, Torquay
| Hotel |
Ein Klassiker an der »Riviera«. Viktorianische Eleganz, tolle Lage über der Bucht, zeitgemäße Ausstattung. 90

23 Exeter

Sinn für Tradition und neues Leben am alten Hafen

Information

■ Princesshay Quarter, Paris St., Exeter EX2 4AN, Tel. 013 92/66 57 00, www.visitexeter.com

Als Hafen- und Handelsstadt für Wolle und Stoffe brachte es der Verwaltungssitz der Grafschaft Devon (119 000 Einw.) im Mittelalter zu Wohlstand. Später versandete seine Bedeutung – buchstäblich, denn die Mündung des River Exe wurde für profitable Schifffahrt schlicht zu seicht. Dazu erlitt die Altstadt 1942 im deutschen Bombenhagel massive Schäden. Inzwischen ist der lange obsolete Hafen eine Attraktion, zahlreiche Kneipen, Geschäfte und Grünanlagen am Wasser verleihen Exeter eine junge Atmosphäre.

ADAC Mittendrin

Ein überraschendes Abenteuer für Mutige, für Klaustrophobiker ein Alptraum – die Underground Passages. Das im Mittelalter angelegte Kanalsystem zur Trinkwasserversorgung unterhöhlt die Altstadt und ist in seiner Art einmalig für Großbritannien. Die Führung mit Bauarbeiterhelmen dauert eine knappe halbe Stunde, davor gibt es einen zehnminütigen Film. *Paris St., zwischen den Geschäften Next und Zara, Tel. 013 92/66 58 87, www.exeter.gov.uk/passages, Mo–Sa 9.30–16.30, So 10.30–16 Uhr, Führung 6 £, erm. 4 £*

Sehenswert

St Peter's Cathedral

| Kathedrale |

Die im 13. und 14. Jh. erbaute Bischofskirche gilt als Meisterwerk der englischen Hochgotik. Erst 1480 vollendet wurde die Hauptfassade aus hellem Sandstein. Im Inneren überwältigt das längste zusammenhängende gotische Gewölbe der Welt. Ein Unikum ist der 18 m hohe Bischofsthron, der 1316 aus Eichenholz gefertigt wurde, ohne auch nur einen einzigen Nagel zu verwenden.

■ www.exeter-cathedral.org.uk, Mo–Sa 9–17, So ab 11.30 Uhr, 7,50 £, Kinder frei

Royal Albert Memorial Museum (RAMM)

| Museum |

Mehr Wunderkammer als thematisch klar strukturiertes Museum: Kreuz und quer durch die lange Geschichte der Stadt seit ihrer römischen Gründung führt der Rundgang u. a. vorbei an Ausgrabungen aus Steinzeit und Antike, Kunsthandwerk und Gemälden des 18. und 19. Jh. und sogar in ein Pharaonengrab. Exotisch wird es im zoologischen Saal, wo die ausgestopfte Giraffe namens »Gerald« und ein von König George V. erlegter nepalesischer Tiger Assoziationen mit Großwildjagd und Imperialismus wecken.

■ Queen St., Tel. 013 92/26 58 58, www.rammuseum.org.uk, Di–So 10–17 Uhr, Eintritt frei

Restaurants

€€ | **Lloyd's Kitchen** Angesagtes kleines Altstadtlokal mit frischer Marktküche. Tolle Salate, Sandwiches und Burger für den Hunger zwischendurch.

■ 16 Catherine St., Tel. 01392/499333, www.lloydskitchen.co.uk, Mo–So 9–15, Fr, Sa auch 18–22 Uhr

€€ | Ship Inn Altes Pub in Fachwerkhaus mit niedrigen Decken, unter denen bereits Lord Nelson dem Bier zusprach. Das Restaurant in der ersten Etage serviert Britisches wie »bangers and mash«. ■ 1–3 St Martin's Lane, Tel. 01392/272040, www.ship-exeter.co.uk, tgl. Mo–Do 11–24, Fr, Sa bis 1 Uhr

In der Umgebung

14 **€ | Krispies Fish & Chips** »Fish & Chips Shop of the Year 2019« – das sollte die 30 Autominuten zur Mündung des River Exe wert sein! ■ 57 Exeter Road, Exmouth, Tel. 01395/278823, www.krispies.co.uk, tgl. 12–22 Uhr

24 Torquay

Agatha Christies Heimatstadt an der Englischen Riviera

Information

■ 5 Vaughan Parade, Torquay TQ2 5JG, Tel. 01803/659790, www.englishriviera.co.uk

Der Ferienort an der palmengesäumten Torbay-Bucht ist der Mittelpunkt des UNESCO-Geoparks Englische Riviera. Seine Blütezeit erlebte Torquay (70000 Einw.) im späten 19. Jh., als die Strände des milden Golfstromklimas wegen in Mode kamen. In der TV-Serie »Fawlty Towers« mit John Cleese als Hotelier verewigt, stieg die einstige »Königin der Riviera« in den 1970er-Jahren zur verarmten Landadligen ab, die von besseren Zeiten träumt. Heute erlebt die Stadt eine kleine Renaissance, denn schön gelegen und auf liebenswürdige Art gestrig ist Agatha Christies Heimatstadt immer noch.

ADAC Mobil

Die Fähren über den River Dart verkürzen die Fahrt von Torquay nach Plymouth ganz erheblich (10 Min., 5,60 £).
www.dartmouthhigherferry.com, tgl. 6.30–22.30 Uhr

Sehenswert

Torquay Museum
| Museum |
Die Hauptrolle in der etwas willkürlich anmutenden Sammlung aus regionaler Natur- und Kulturgeschichte spielt die berühmteste Tochter Torquays, Agatha Christie (1890–1976). Man erfährt Amüsantes und Interessantes über Leben und Werk der meistverkauften Autorin aller Zeiten. Ein Saal erweckt Christies berühmte Detektivfigur Hercule Poirot in dessen »Studierzimmer« zum Leben.

■ 529 Babbacombe Rd., Tel. 01803/293975, www.torquaymuseum.org, tgl. 10–15 Uhr, 6,90 £, erm. 4,30 £

Kent's Cavern
| Tropfsteinhöhle |
Die Kalksteinhöhle, die in prähistorischer Zeit von Menschen als Unterschlupf genutzt wurde, befindet sich seit 1903 in Privatbesitz. Als Touristenattraktion müssen die fraglos faszinierenden unterirdischen Tropfsteingalerien als Kulisse für originelle Hochzeiten, schaurige Grusel-Führungen und andere Events herhalten. Ein Besuch lohnt sich trotz des Rummels, schon allein wegen des schönen Spa-

Torquay ist das Zentrum der Englischen Riviera

ziergangs aus der Stadt entlang der Küstenlinie.

■ Cavern House, www.kents-cavern.co.uk, Führungen tgl. 10.30–16.30 Uhr, 12 £, erm. 10 £ (online 10,80 bzw. 9 £)

Restaurants

€€€ | **The Elephant** Hochgepriesenes Gourmetlokal auf zwei Ebenen; oben die (auch preislich) gehobene Sterneküche, parterre auch Bodenständiges in guter Qualität. Tipp: Mittagsmenü, drei Gänge für 24,95 £. ■ 3–4 Beacon Terrace, Tel. 018 03/20 00 44, www.elephantrestaurant.co.uk, Mo–Sa 11–22 Uhr

Erlebnisse

English Riviera Wheel Riesenrad am Hafen mit grandioser Aussicht über die Bucht. ■ www.englishrivierawheel.co.uk, April–Sept., tgl. 10–20 Uhr, 7 £, erm. 5 £

25 Dartmouth

Ein breites Flussdelta und wunderschöne Strände

Information

■ The Engine House, Mayor's Avenue, Dartmouth TQ6 9YY, Tel. 018 03/83 42 24, www.discoverdartmouth.com

Dartmouth (7000 Einw.) ist stolz auf seine glanzvolle Vergangenheit: 1190 stach hier Richard Löwenherz mit seiner Kreuzfahrerflotte in See, 1347 sammelte sich im perfekten Naturhafen die Kriegsflotte zur Belagerung von Calais im Hundertjährigen Krieg, 1588 ging es dann gegen die Spanische Armada. Dank ihres perfekten Naturhafens spielte die wunderschön gelegene Kleinstadt am breiten Mündungsdelta des River Dart seit jeher eine wichtige

Rolle, wann immer es um die Ehre des Empires zur See ging – entsprechend historisch sind Teile des schmucken Zentrums.

Sehenswert

Dartmouth Castle

| Burg |

Die Einfahrt zum Hafen sichert die Festung aus dem 15. Jh., die Kanonen stammen aus dem 18. und 19. Jh., die herrliche Aussicht lohnt den halbstündigen Spaziergang vom Ortszentrum.

■ Castle Rd., www.english-heritage.org.uk, tgl. 10–18 Uhr, Eintritt frei

Events

Dartmouth Royal Regatta Das internationale Jachttreffen Ende Aug. zieht Segler und Zuschauer aus aller Welt an.

■ www.dartmouthregatta.co.uk

Erlebnisse

»Round Robin« Die Rundreise beinhaltet die Bootsfahrt (90 Min.) flussabwärts ins malerische Städtchen Totnes, von dort die Busfahrt (30 Min.) nach Paignton und schließlich die nostalgische Dampfeisenbahn (30 Min.) zurück bis Kingswear, von wo die Fähre nach Dartmouth übersetzt. ■ Tel. 018 03/55 58 72, www.dartmouthrailriver.co.uk, tgl. April–Okt., 28,50 £, erm. 18 £

In der Umgebung

Blackpool Sands

| Strand |

Ein Strand, wie er schöner kaum sein kann: grober heller Sand, blau schimmerndes Meer, eingerahmt von grünen Hügeln. Das nette Venus Beach Café versüßt den Badetag mit Cream Tea, Drinks und kleinen Gerichten.

■ 5 km südlich, an der A379

26 Dartmoor National Park

Nebel, Mythen und wilde Ponys – unterwegs im kargen Hochmoor

Information

■ Besucherzentren in Princetown, Haytor und Postbridge, www.dartmoor.gov.uk und www.visitdartmoor.co.uk

Bekannt ist das Hochmoor als Schauplatz schaurig-schöner Gruselgeschichten. Sir Arthur Conan Doyle, Schöpfer des Über-Detektivs Sherlock Holmes, hetzte hier den »Hund der Baskervilles« (1902) auf unschuldige Opfer. Haarsträubende Legenden von rätselhaften Todesfällen und nimmermüden Wiedergängern gehören zur Landschaft wie der offene Kamin zum Country Pub. Im Mittelalter wurde im Dartmoor Zinn abgebaut, später kamen Kupfer- und Silberminen hinzu. Das Dartmoor hat viele Gesichter: bewaldete Täler und idyllische Bachläufe vor allem im Osten und im Westen bis zu 600 m hohe Berge, spärlich bewachsen von Heidekraut und Zwergeichen. Typisch sind die erodierten Granitformationen, tors genannt, die auf den Hügeln thronen und von fern wie verfallene Burgen erscheinen.

Sehenswert

Dartmoor Prison

| Gefängnis |

Teil der Dartmoor-Legenden sind die stets vergeblichen Ausbruchsversuche aus dem 1806 gebauten Zuchthaus. Noch immer ist der Granitbau im ansonsten unspektakulären Hauptort Princetown ein Gefängnis. Das Museum informiert über Geschichte und Gegenwart des Ortes.

■ www.dartmoor-prison.co.uk, tgl. 9.30–16 Uhr, 4 £, erm. 3 £

Kneipen, Bars und Clubs

15 **The Warren House Inn** Im scheinbaren Niemandsland verköstigte das gemütliche Pub einst Minenarbeiter. Heute erfreuen Touristen sich an lokalem Ale, bodenständigem Essen und unheimlichen Moorgeschichten. Das Kaminfeuer brennt seit 1845 ohne Pause! ■ Postbridge, Tel. 018 22/88 02 08, www.warrenhouseinn.co.uk, Mo–Sa 11–22, So ab 12 Uhr

Wandern

Zahlreiche Wanderwege erschließen den Nationalpark; auch über lohnende Kurztouren von 1–2 Std. Länge informieren die Besucherzentren (S. 79) und die Hotels im Park. Aber Vorsicht: Auf das notorisch wechselhafte Wetter sollte man auf längeren Exkursionen vorbereitet sein und bei Nebel die Wege nicht verlassen.

ADAC Mobil

Rechnen Sie auf den engen Straßen im Dartmoor National Park jederzeit mit dem Auftauchen von frei laufenden Schafen, Rindern oder den nur hier heimischen Dartmoor Ponys, die besonders eigenwillige »Verkehrsteilnehmer« sind und gern einfach mal stehen bleiben.

27 Plymouth

Wo Freibeuter und Pilgerväter in See stachen

Information

■ Plymouth Mayflower, 3–5 The Barbican, Plymouth PL1 2NR, Tel. 017 52/30 63 30, www.visitplymouth.co.uk

Sir Francis Drake (1540–96) – der Name des Seefahrers und Freibeuters im Auftrag der Krone bleibt untrennbar verbunden mit der Geschichte der Stadt (250 000 Einw.). Hier stach Drake 1577 zur Weltumsegelung in See, hier lief er drei Jahre später mit seiner »Golden Hind« wieder ein, schwer beladen mit spanischem Beutegold. Das historische Zentrum Plymouths existiert seit den Bombenangriffen der Nazis praktisch nicht mehr. Als »Ocean City« zeigt sich das moderne Plymouth ganz dem Meer zugewandt, was sich am besten im Hafenviertel Barbican nachvollziehen lässt.

Sehenswert

The Hoe

| Park |

Auf einer luftigen Anhöhe über der Stadt thront neben dem rot-weiß gestreiften Leuchtturm Smeaton's Tower überlebensgroß Sir Francis Drake auf seinem Denkmal. An gleicher Stelle soll der Seeheld 1588 in aller Ruhe eine Partie Rasen-Bowling zu Ende gespielt haben, bevor er die als unbesiegbar geltende Spanische Armada sozusagen en passant schlug. Weit reicht der Blick von der Grand Parade über die Hafenbucht und das Art-déco-Freibad The Lido.

Im alten Hafenviertel von Plymouth sind noch historische Häuser erhalten

The Barbican

| Altes Hafenviertel |

Am Sutton Harbour, dem alten Hafen, blieben wie durch ein Wunder einige historische Straßenzüge von den Bomben des Zweiten Weltkriegs verschont. The Barbican wird das Viertel mit der Hauptstraße Southside Street genannt. An der Southside Street entlang sind einige Häuser aus der Tudorzeit erhalten, seit 1793 stellt die Brennerei der Plymouth Gin Distillery hier hochprozentige Getränke her (tgl. Touren 6 £, www.plymouthdistillery.com). Die Mayflower Steps markieren die Stelle, von der aus sich 1620 die 102 puritanischen Pilgerväter auf den Weg machten, Amerika zu erkunden.

Restaurants

€ | **The Tudor Rose** Perfekter Platz zum Frühstücken, für einen Snack zwischendurch oder einen Cream Tea in der Altstadt. ■ 36 New Street, Tel. 017 52/65 90 87, https://tudorrosetearooms.com, Di–So 11–16 Uhr

Kinder

National Marine Aquarium Auge in Auge mit Haien, Rochen und Schildkröten: Hier gehen Kinder jeden Alters gern auf Tauchstation, ohne nass zu werden. ■ Rope Walk, Coxside, Tel. 08 44/89 37 9 38, www.national-aquarium.co.uk, tgl. 10–17 Uhr, 16,95 £, erm. 12,95 £ (Online-Rabatt 10 %)

28 Polperro Heritage Coast

An der Schmugglerküste und im Land der großen Gärten

Information

■ Looe Tourist Information Centre, The Guildhall, Fore St., East Loe PL13 1AA, Tel. 015 03/26 20 72, www.visit-southeast cornwall.co.uk und www.polperro.org

Die malerischen Fischerdörfer an diesem Küstenabschnitt erfüllen jedes Rosamunde-Pilcher-Klischee in Perfektion. Im Hinterland werden Gartenliebhaber ihre Freude haben an den blühenden Landschaften, verwunschenen Parks und tropischen Gewächsen im futuristischen Eden Project. Wer Ruhe und Natur sucht, sollte sich den »Rollercoaster Walk« vormerken: In 3,5 Stunden führt der Wanderpfad achterbahngleich über Klippen und Hügel bergauf, bergab immer an der grandiosen Küste entlang nach Polruan – von dort fährt ein Linienbus zurück zum Ausgangspunkt Polperro.

Sehenswert

Polperro

| Dorf |

Selten war eine Gemeinde stolzer auf ihre kriminelle Vergangenheit – das Museum of Smuggling and Fishing am Hafen des typisch kornischen Fischernests erzählt die Geschichte der Schmuggler, die an der damals abgelegensten Küste Englands ihre heiße Ware anlandeten. Im Sommer ist das Dorf von Tagestouristen überlaufen.

Eden Project

| Botanischer Garten |

16 *Science-Fiction-Träume im Botanischen Garten*

Auf dem Gelände einer ehemaligen Kaolinmine (Rohstoff zur Papier- und Porzellanherstellung) schuf der Musikproduzent und Archäologe Sir Tim Smit 2001 bei St Austell einen »Garten der Zukunft«: Unter zwei gewaltigen Kunststoffkuppeln für tropisches und mediterranes Klima wandelt man durch Regenwälder und Kakteenhaine, und sogar für künstliche Wasserfälle ist in den Gewächshäusern Platz.

■ Bodelva, St Austell, Tel. 017 26/81 19 11, www.edenproject.com, tgl. 9.30–18 Uhr, 28,50 £, erm. 15 £, online (spätestens am Vortag) 26 £, erm. 13,50 £

The Lost Gardens of Heligan

| Landschaftspark |

8 *Der Märchenwald unter den Landschaftsparks*

Dem Multitalent Tim Smit (s. o.) ist es auch zu verdanken, dass aus einem völlig verwilderten Garten in den Hü-

Wie aus dem Boden gewachsen – Skulptur in den Lost Gardens of Heligan

geln oberhalb des Küstenstädtchens Mevagissey in den 1990er-Jahren einer der faszinierendsten Landschaftsparks Englands wurde. Auf dem 400 ha großen Gelände, das schon im Mittelalter als Plantage kultiviert, im 20. Jh. aber aufgegeben wurde, wuchern geradezu tropische Dschungelpflanzen, Rhododendren und Palmen. Besondere Hingucker sind die überlebensgroßen Skulpturen, die wie organisch gewachsen in den Garten integriert sind.

■ Pentewan, St Austell, Tel. 01726/845100, www.heligan.com, tgl. 10–18 Uhr, 15 £, erm. 7 £

29 Falmouth

Ein hervorragendes Revier für Segler und Wanderer

Information

■ Prince of Wales Pier, 11 Market Strand, Falmouth TR11 3DF, Tel. 01326/741194, www.falmouth.co.uk

Die dramatisch zerklüftete Küste an den Halbinseln Roseland und Lizard mit ihren versteckt liegenden kleinen Buchten gilt als Paradies für Segler und Wanderer. Das ideale Quartier für Ausflüge in der Region ist Falmouth (22000 Einw.).

Sehenswert

National Maritime Museum Cornwall (NMMC)
| Museum |
Auf fünf Etagen werden u. a. Bootsbau, Ökologie und Geschichte der Seefahrt unter verschiedenen Aspekten beleuchtet. Wie in so vielen britischen Museen überzeugt auch hier die originelle Präsentation. Für Kinder gibt es viele Knöpfe zu drücken und Miniaturboote zum Selbersteuern. Der Aussichtsturm bietet einen schönen Rundblick über den Hafen.

■ Discovery Quay, Tel. 01326/313388, www.nmmc.co.uk, tgl. 10–18 Uhr, 13,95 £, erm. 6,50 £ (online 10 % Rabatt)

Im Blickpunkt

Im Königreich der grünen Daumen

Es ist Sonntag, 14 Uhr, und das Radio läuft. »Gardeners' Question Time« auf Radio 4 ist die langlebigste (seit 1947) und meistgehörte BBC-Sendung überhaupt – ein Gartenratgeber (als Podcast: www.bbc.co.uk). Etwa zwei Millionen Briten lauschen jedes Mal andächtig, wenn die Expertenrunde die drängendsten Fragen der Hörer beantwortet. Blattläuse naschen an Jennys Himbeeren? Wann soll John den Kirschlorbeer beschneiden? Für alle Gartensorgen gibt es eine Lösung, launig und mit zart blühender Ironie vorgetragen. Es ist schon ein besonderes Verhältnis, das Engländer zu ihren privaten Paradiesen pflegen, Spötter sprechen gar von einem pseudosexuellen. Die Pollards jedenfalls, stolze Besitzer der Abbey House Gardens in Wiltshire, garteln gern auch mal nackt. Auf andere Weise zeigefreudig geben sich gut 3700 Privatleute, die im Rahmen des National Gardening Scheme (www.ngs.org.uk) für einen guten Zweck das Gartentor für Neugierige öffnen.

Glendurgan Garden

| Landschaftspark |

Ein weiterer Höhepunkt der Gartenbaukunst: Um 1830 von dem Reeder Alfred Fox angelegt, begeistert in der von Agaven, Hanfpalmen und Riesenfarnen nur so wuchernden Anlage vor allem der fast 200 Jahre alte Irrgarten aus Kirschlorbeer.

■ Mawnan Smith, Tel. 01326/252020, www.nationaltrust.org.uk, tgl. 10.30–17 Uhr, 11,20 £, erm. 5,60 £

Lizard Point

| Felsenküste |

Der mit einem Leuchtturm aus dem Jahr 1752 gekrönte südlichste Punkt Englands ist Ausgangspunkt für eine der lohnendsten kurzen Küstenwanderungen in Cornwall: In etwa einer Stunde erreicht man Kynance Cove, einen der schönsten Sandstrände der Region, dramatisch eingebettet zwischen Felsen und vorgelagerten Inselchen, die ja nach Stand der Gezeiten sogar trockenen Fußes beschritten werden können.

Kinder

Glendurgan Gardens (s. o.) Ein großer Spaß für Kinder ist das tolle Heckenlabyrinth, in dem man sich wunderbar verlaufen kann.

30 Penzance

Englands Happy End an der Südwestspitze Cornwalls

Information

■ Station Approach, Penzance TR18 2NF, Tel. 01736/335530, www.penzancetowncouncil.co.uk

Alles hat ein Ende, sogar England: Im äußersten Westen Cornwalls, in Land's End also, scheint jeder Brite einmal gewesen sein zu müssen – entsprechend viel los ist an der Landspitze. Penzance (21000 Einw.) an der »Kornischen Riviera«, war im Mittelalter häufig Angriffen von Piraten ausgesetzt, da kornisches Zinn, Kupfer und Silber reiche Beute versprachen. Heute lebt die Stadt von ihrer praktischen Lage, denn von hier aus erreicht man alle Attraktionen der Urlaubsregion innerhalb weniger Autominuten.

Sehenswert

Morrab Gardens

| Park |

Beleg für das besonders ausgeglichene Klima der Stadt sind die ganzjährig blühenden Blumenbeete und Bananenstauden im Stadtpark mit einem viktorianischen Musikpavillon in dessen Mitte. Nur ein paar Schritte sind es bis zur lang gezogenen Mount's Bay und der Promenade, die 2 km weit bis in den Nachbarort Newlyn reicht, dem größten Fischereihafen Englands.

St Michael's Mount

| Klosterfestung |

Der Inselberg im Gezeitenstrom ist das englische Pendant zu Mont Saint-Michel in Frankreich. Bei Flut ist St Michael vom Festland abgeschnitten, bei Ebbe erreicht man es auf einem felsigen Damm trockenen Fußes. Die mittelalterliche Anlage, die wie eine Fata Morgana über dem Meer zu schweben scheint, war einst eine Benediktinerabtei und wird heute vom National Trust verwaltet. Die Eigentümer, die St Aubyns, leben seit dem 17. Jh. auf der Insel.

■ Marazion, Tel. 01736/710265, www.stmichaelsmount.co.uk, So–Fr 10–17.30 Uhr, 16 £, erm. 8 £

ADAC Spartipp

Günstiger als direkt in Land's End parkt man das Auto an der Sennen Cove (5 £/Tag); von dort wandert man in 40 Min. entlang des South West Coast Path in herrlicher Küstenlandschaft bis zum Kap.

Mousehole

| Fischerdorf |

»The loveliest village in England« – so besang der Waliser Dichterfürst Dylan Thomas das »Mäuseloch«. Das Fischernest kann man nur zu Fuß erkunden: Je näher man dem Hafen rückt, desto schmaler werden die Gassen.

Land's End

| Landspitze |

Es ist und bleibt ein landschaftlicher Höhepunkt, obwohl der Rummel zuweilen bizarre Ausmaße annimmt: Ein 4-D-Kino gehört dazu und das Schlangestehen am Wegweiser mit Entfernungsangaben. Für das Erinnerungsfoto wird die jeweilige Heimatstadt in den Wechselrahmen eingefügt.

Restaurants

€€ | **The Tolcarne Inn** Schönes altes Pub am Fischereihafen von Newlyn. Gepflegte Ales an der Bar und auf der Terrasse, im Nebenraum auch ein empfehlenswertes Restaurant – natürlich mit Schwerpunkt auf Fisch und Meeresfrüchten. ■ The Strand, Newlyn, Tel. 01736/363074, https://tolcarneinn.co.uk/, tgl. 12–15, 18–22 Uhr

Bühne

17 **Minack Theatre** Wie aus einem Stück in die steile Granitküste gemeißelt liegt an der schönen Porthcurno Bay das Open-Air-Theater, das von April bis Oktober klassische und zeitgenössische Bühnenstücke sowie gelegentlich Livemusik präsentiert. Aber allein schon der Lage wegen lohnt sich der Besuch. ■ www.minack.com, tgl. 9.30–16 Uhr, 5 £, erm. 2,50 £

31 Isles of Scilly

18 *Glückliche Inseln im Atlantik, verwöhnt vom Golfstrom*

Information

■ Porthcressa Bank, St Mary's TR21 0LW, Tel. 01720/424031, www.visitislesofscilly.com

Der Archipel (2250 Einw.) rund 40 km westlich von Land's End besteht aus über 140 Inseln, von denen nur fünf bewohnt sind. Die Scillys sind eine kleine Welt für sich, klimatisch verwöhnt vom Golfstrom, bekannt für ihre schönen Strände, die subtropische Flora und als diskretes Refugium für prominente Sommerfrischler.

Sehenswert

St Mary's

| Insel |

St Mary's (1800 Einw.) ist die größte der Scillys. Anschauen kann man sich die bizarren Granitfelsen, den Leuchtturm am Peninnis Head sowie das Heimatmuseum im Hauptort Hugh Town. ■ Museum: Church St., www.iosmuseum.org, tgl. 10–16.30, 3,50 £, erm. 1 £

Tresco
| Insel |
Tresco (160 Einw.) bezaubert nicht nur mit verschwiegenen Buchten wie der Old Grimsby Bay, sondern auch mit dem Tresco Abbey Garden, einem botanischen Garten auf dem Grund eines verlassenen Klosters. Exotische Gewächse aus Fernost und dem Südpazifik gedeihen im stets frostfreien Scilly-Klima prächtig. Das angeschlossene Valhalla Museum präsentiert 30 Galionsfiguren von Schiffen, die einst vor den Scillys kenterten.

■ Garten und Valhalla Museum: Tel. 017 20/ 42 41 08, tgl. 10–16 Uhr, 15 £, Kinder 5 £

Verkehrsmittel

Anreise per Kleinflugzeug (»Skybus«) von Land's End Airport, Newquay und Exeter oder mit der Personenfähre »The Scillonian« von Penzance nach St Mary's (Fahrzeit: 2 Std. 45 Min.), Buchung und Flug-/Fahrpläne unter Tel. 017 36/33 42 20, www.islesofscilly-travel.co.uk. Von St Mary's nach Tresco verkehrt eine Bedarfsfähre (10 Min.).

Parken

Parkmöglichkeit in Land's End und Penzance ab 8 £/Tag bei Online-Buchung: www.scillyparking.co.uk.

ADAC Mobil

Es gibt weder eine Autofähre zu den Scillys noch eine Autovermietung auf den Inseln. Man geht also zu Fuß, nimmt den Minibus (auf St Mary's) oder mietet tageweise einen elektrischen Golf-Caddy (www.scillycart.co, ab 40 £/Tag).

Restaurants

€€ | **Juliet's Garden Restaurant** Mittags Karte mit vegetarischem Fokus, abends Fisch und Steaks, rund um die Uhr Meerblick von der Terrasse.
■ Seaways Flower Farm, Porthloo, St Mary's, Tel. 017 20/42 22 28, www.juliets gardenrestaurant.co.uk, tgl. 10–21.30 Uhr

32 St Ives

Stadt des Lichts, Künstlerkolonie und zweite Heimat der Tate Gallery

Information

■ Guildhall, Street-An-Pol, St Ives TR26 2DS, Tel. 017 36/79 62 97, www.stives-cornwall.co.uk

William Turner war der erste namhafte Künstler, der sich 1811 von dem sagenhaften Licht in dem Sardinenfischer- und Schmugglerstädtchen inspiriert fühlte. Ihm folgten zahllose Maler und Bildhauer, die St Ives (11 500 Einw.) im frühen 20. Jh. zu einer bedeutenden Künstlerkolonie machten. Galerien und Ateliers gehören auch heute zum Stadtbild, vor allem im Fischerviertel Downalong haben sich Kreative aus England und ganz Europa niedergelassen – wer einmal einen Sonnenuntergang über der St Ives Bay erlebt hat, versteht ihre Motivation.

Sehenswert

Tate St Ives
| Museum |
9 *Ein Museum wie eine frische Meeresbrise*
Der spektakuläre Bau von 1993, eine Filiale der Londoner Tate Gallery, prä-

Nicht nur William Turner zog es ins Fischerstädtchen St Ives

sentiert Malerei, Skulpturen und Keramik von Künstlern aus der Region, z. B. von Terry Frost, Alfred Wallis und Patrick Heron. Dank der Erweiterung gibt es auch mehr Raum für Wechselausstellungen. Einmalig: der Ausblick auf den Stadtstrand Porthmeor Beach, etwa vom Coffee Shop mit Dachterrasse.

■ www.tate.org.uk, tgl. 10–17.20 Uhr, 10,50 £, bis 18 J. Eintritt frei (Kombiticket inklusive Barbara Hepworth Museum 14,50 £)

Barbara Hepworth Museum

| Skulpturengarten |

Die prägendste Persönlichkeit der Künstlerkolonie von St Ives war die Bildhauerin Barbara Hepworth aus Yorkshire (1903–72). Tief beeindruckt von der Landschaft im Westen Cornwalls, lebte sie mit ihrem Mann Bob Nicholson, dem Mitbegründer der Künstlergruppe Penwith Society, ab 1939 in St Ives. Nach der Trennung von Nicholson zog sie sich zurück auf das Anwesen, das heute das Museum beherbergt. Hepworths abstrakte Skulpturen aus Holz, Stein und Bronze sind von Henry Moore und Pablo Picasso beeinflusst. Mit ihren organischen Formen fügen sie sich perfekt in den von Hepworth gestalteten Garten ein.

■ Barnoon Hill, www.tate.org.uk, tgl. 10–17.20 Uhr, 7,70 £, bis 18 J. frei

P Parken

Trenwith Car Park (neben St Ives Leisure Centre), 6 £/Tag. Etwas steiler, aber schöner Fußweg ins Zentrum (10 Min.).

Restaurants

€€ | The Mermaid Gemütliches Fischlokal, aber auch gute Steaks und

Lammbraten. Tipp: »Early Bird Menu«, drei Gänge für 22,95 £, tgl. 18–19 Uhr. ■ 21 Fish St., Tel. 01736/796816, www.mermaidstives.co.uk, tgl. 18–21 Uhr

Einkaufen

Leach Pottery Beeinflusst von fernöstlichen Designs schuf Bernard Leach (1887–1979) wunderbar simple, aber elegante Keramik. Es gibt sie nur in St Ives. ■ Higher Stennack, www.leachpottery.com, tgl. 10–17 Uhr

33 Newquay

Cornwalls Sehnsuchtsort für Surfer auf der Suche nach der perfekten Welle

Information

■ Marcus Hill, Newquay TR7 1BD, Tel. 01637/838516, www.visitnewquay.org

Einfach alles in dem früheren Fischerdorf (20000 Einw.) dreht sich um Sand, Wind und Meer: Newquay ist Cornwalls größtes Seebad und Treffpunkt der Surferszene. Die in den letzten Jahren schnell gewachsene »Surf City UK« an sich bietet wenig Sehenswertes, dafür begeistern zwölf Sandstrände die Sommerfrischler.

Sehenswert

Fistral Beach

| Strand |

Das Wahrzeichen Newquays und ein Bild von einem Strand: Eingerahmt von zwei Felsvorsprüngen ist der Fistral Beach bei Ebbe ideal für Spaziergänge, bei Flut hingegen baut sich je nach Wetterlage am offenen Atlantik jene Brandung auf, die Surfer herbeisehnen. Auf der Anhöhe über Fistral Beach thront majestätisch das Headland Hotel aus dem Jahr 1900.

Restaurants

€€ | **The Fish House** Stets frischer Fisch und Meeresfrüchte mit Strandblick, beliebt und nicht zu teuer.

Die Brandung in der Watergate Bay bei Newquay lässt Surferherzen höherschlagen

■ Headland Rd., Fistral Beach, Newquay, Tel. 01637/872085, www.thefishhousefistral.com, tgl. 12–15, 18–21.30 Uhr

Sport

Escape Surf School Warum nicht mal Wellenreiten? Vom Schnupperkurs für Anfänger (ab 35 £ inkl. Brett und Anzug) bis zum Wochenkurs für Könner. ■ 35 Fore St., Towan Beach, Tel. 07810/805624, www.escapesurfschool.co.uk

34 Tintagel

Wo die Sage von König Artus ihren Ursprung nahm

Information

■ National Trust Visitors Centre, The Harbour, Boscastle PL35 0HD, Tel. 01840/250010, www.visitboscastleandtintagel.com

Der Mythos lebt. Und das, obwohl vom angeblichen Geburtsort König Artus' nur Mauerreste auf einer Klippe übrig sind. Leider passt es auch nicht zur Legende, dass die Ruinen aus dem 13. Jh. stammen. Denn Artus, der keltische Sagenheld, soll ja bereits im 6. Jh. vergeblich gegen Sachsen und Angeln gekämpft haben. Das tut jedoch der Schönheit der Küste und dem Zustrom der Artus-Fans keinen Abbruch.

Sehenswert

Tintagel Castle
| Burgruine |
Erbauer der Trutzburg war Richard, Earl of Cornwall (1209–72), der ab 1257 auch römisch-deutscher König war. Archäologen fanden am gleichen Ort die Überreste eines Klosters aus keltischer Zeit und eine mysteriöse Schiefertafel mit der lateinischen Inschrift »Artognou hat dies errichtet« – Grund genug für Spekulationen. Spektakulär ist jedenfalls die Lage: Wie ein kleines Machu Picchu am Atlantik thront die Ruine auf einer felsigen Halbinsel, erreichbar nur über steile Stufen.
■ www.english-heritage.org.uk, April–Sept. tgl. 10–18, Okt. 10–17, Nov.–März Sa, So 10–16 Uhr, 13 £, erm. 7,80 £

Old Post Office
| Historisches Gebäude |
Das windschiefe Häuschen aus grauen Schieferplatten stammt aus dem 14. Jh. und wurde im 19. Jh. als Dorfpost genutzt. Zu besichtigen ist das Innere in weitgehend originalem Zustand.
■ Fore St., www.nationaltrust.org.uk, tgl. 10.30–17.30 Uhr, 4,80 £, erm. 2,40 £

Einkaufen

19 **Pengenna Pasties** Die vielleicht besten gefüllten Pasteten (»pasties«) und frischen Scones in Cornwall! ■ Atlantic Rd., Tintagel, tgl. 9–17 Uhr, www.pengennapasties.co.uk

In der Umgebung

Museum of Witchcraft
| Museum |
Was Sie schon immer über Hexen wissen wollten: Im Nachbarort Boscastle (herrliche Klippenwanderung, 6 km ab Tintagel, zurück auch per Bus) erfahren Sie es. Schwarze und Weiße Magie, Aberglaube und Zauberei sind die Themen der bizarren Sammlung.
■ The Harbour, Boscastle, Tel. 01840/250111, www.museumofwitchcraftandmagic.co.uk, April–Okt., Mo–Sa 10.30–17.30, So ab 11.30 Uhr, 5 £, erm. 4 £

Übernachten

Entlang der Küsten von Devon und Cornwall gelten zwei Regeln: Je weiter die Unterkunft vom Strand entfernt steht, desto größer die Chance auf einen günstigen Preis. Und wer während der britischen Sommerferien (Mitte Juli bis Anfang Sept.) reist, muss überall ziemlich tief in die Tasche greifen. Besonders kostspielig sind St Ives und die Isles of Scilly – hier sollte man am besten Monate vorher buchen. Etwas günstiger geht es oft, wenn man das Hotel bereits bei Buchung komplett zahlt. Allerdings sollte man dann unbedingt eine Reiserücktrittsversicherung abschließen, denn die Hoteliers erstatten bei Stornierungen meist nichts zurück.

Exeter 76

€ | **White Hart Hotel** Einst Postkutschenstation, heute Pub und Hotel mit 60 Zimmern, die auf verschiedene Trakte des verwirrend verwinkelten Hauses verteilt sind. Preiswert, zentral und praktisch dank des Gratis-Parkplatzes im Innenhof. ■ 66 South St., Exeter EX1 1EE, Tel. 013 92/27 98 97, www.marstonsinns.co.uk

€€€ | **Hotel du Vin** Stilvolles Haus in ehemaliger Augenklinik aus viktorianischer Zeit. Sehr gute Zentrumslage, schöne Zimmer mit Holzboden und hohen Decken, netter Garten. ■ Magdalen St., Exeter EX2 4HY, Tel. 013 92/79 01 20, www.hotelduvin.com

Torquay 77

€ | **Ascot House** Schmucke Villa aus dem 19. Jh., etwas oberhalb des Hafens, schöne Zimmer und Suiten, teils mit Balkon. Parkplatz gratis. ■ 7 Tor Church Rd., Torquay TQ2 5UR, Tel. 018 03/29 51 42, www.ascothousetorquay.co.uk

20 €€€ | **The Imperial** Seit 1866 die beste Adresse, viktorianisches Ambiente mit zeitgemäßer Ausstattung und Spa-Landschaft. Den Afternoon Tea auf der Terrasse (16,50 £) genoss bereits Agatha Christie. Unbedingt mit Meerblick buchen! Außerhalb der Hochsaison ist das Viersternehaus durchaus bezahlbar. ■ Park Hill Rd., Torquay TQ1 2DG, Tel. 018 03/29 43 01, www.theimperialtorquay.co.uk

Dartmouth 78

€€ | **Royal Castle Hotel** Der Klassiker, mittendrin am inneren Hafen. Tagsüber kann es laut werden. Francis Drake, Queen Victoria und Cary Grant nächtigten hier. Es heißt, die Deckenbalken stammen von Wracks der besiegten Spanischen Armada. ■ 11 The Quay, Dartmouth TQ6 9PS, Tel. 018 03/83 30 33, www.royalcastle.co.uk

Dartmoor National Park 79

€€ | **Two Bridges Hotel** Historischer Gasthof mit guter Küche mitten im Nationalpark, 32 Zimmer voller alter Fotos und antiker Möbel. Gänse ersetzen den Wachhund. Tipp: Die einstündige Wanderung zum verwunschenen Eichenwäldchen Wistman's Wood. ■ Two Bridges PL20 6SW, Tel. 018 22/89 23 00, www.twobridges.co.uk

Plymouth 80

€ | **Premier Inn City Centre** Sehr gutes Kettenhotel, nahe dem alten Hafen. Vielleicht nicht sehr charmant, dafür aber wirklich preiswert. ■ 28 Sutton Rd., Plymouth PL4 0HT, Tel. 0871/5278882, www.premierinn.com

Polperro 82

€ | **Commonwood Manor** Ein B&B der gehobenen Kategorie, Zimmer und Terrasse mit grandioser Aussicht auf das Tal des River Loee, mit dem Auto 10 Min. zum Strand. ■ St Martins Rd., East Looe PL13 1LP, Tel. 01503/262929, www.commonwoodmanor.com

Falmouth 83

€ | **Highcliffe** Freundliches B&B mit acht individuell eingerichteten Zimmern – weit besser als der Durchschnitt, auch das Frühstück ist klasse. ■ 22 Melvill Rd., Falmouth TR11 4AR, Tel. 01326/314466, https://highcliffefalmouth.com

€€ | **St Michael's Hotel and Spa** Tolle Lage an schönem Strand, mit Innen- und Außenpool, Fitnessstudio und Spa-Angeboten. ■ Gyllyngvase Beach, Falmouth TR11 4NB, Tel. 01326/312707, www.stmichaelsresort.com

Penzance 84

€ | **Sophia's B&B** Klein, aber oho: Gastgeberin Lynn zaubert in ihrer winzigen Küche ein hervorragendes Frühstück. Tipp: Das Zimmer »Zelah« im Obergeschoss hat den schönsten Blick. ■ Western Promenade, Penzance TR18 4HH, Tel. 07811/025417, www.sophiaspenzance.co.uk

€€ | **Artist Residence** Das ganze Haus ein Kunststück: elf von regionalen Designern gestaltete Zimmer, ein sehr gutes Restaurant komplett aus Holzplanken gezimmert – ein echter Hingucker in der Altstadt. ■ 20 Chapel St., Penzance TR18 4AW, Tel. 01736/365664, www.artistresidencecornwall.co.uk

Isles of Scilly 85

€€€ | **Star Castle** Gehobene Hotellerie in altem Festungsbau am Meer, 38 teils etwas plüschige Zimmer, verglichen mit anderen Häusern auf den Inseln relativ preiswert. Tennisplatz, Schwimmbad. ■ St Mary's TR21 0JA, Tel. 01720/422317, www.star-castle.co.uk

St Ives 86

€€ | **Pedn Olva** Kleines und schickes Haus etwas abseits des Trubels – fantastische Sicht auf Hafen und Altstadt von der verglasten Veranda. Auch Restaurant und Bar. ■ West Porthminster Beach, St Ives TR26 4EA, Tel. 01736/796222, www.pednolva.co.uk

€€€ | **Carbis Bay** Wer sich die Bestlage an einem tollen Strand zu entsprechenden Tarifen à la St Ives gönnen möchte, liegt hier richtig. Terrasse, Pool, Meerblick – alles vom Feinsten. ■ Carbis Bay, St Ives TR26 2NP, Tel. 01736/795311, www.carbisbayhotel.co.uk

Newquay 88

€ | **St. Bernards** Freundliche Frühstückspension in zeitgemäßem Design, praktisch zwischen Stadt und Stränden gelegen, für Cornwall fast schon ein Schnäppchen. ■ 9 Berry Rd., Newquay TR7 1AU, Tel. 01637/872932, www.stbernardsguesthouse.com

Der Nordwesten: Somerset, Bath und Bristol

Lebendige Industriekultur, ein nobles Kurbad seit der Antike, dazu ländliche Idylle im Hinterland des Bristol Channel

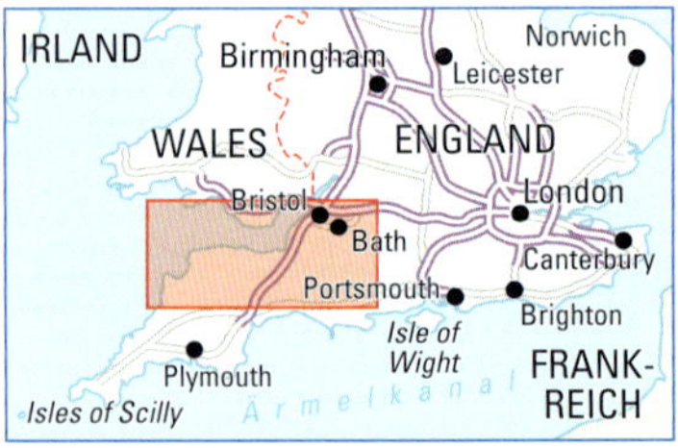

Zwei der interessantesten Städte Großbritanniens liegen auf dieser Route: Bristol, einst Transatlantikhafen und Schwergewicht der Werftindustrie, hat den Strukturwandel überwunden und präsentiert sich als erfolgreiche Weltstadt. In den historischen Docks liegen hippe Bars, Clubs und Restaurants Tür an Tür, Künstler wie Damien Hirst, Banksy oder Massive Attack stehen für den Aufbruch zu neuen Ufern. Während Bristol auch nach Arbeit und Alltag riecht, duftet Bath nach Freizeit und Wellness – wortwörtlich. Denn um die römischen Thermen entstand ab dem 17. Jh. eine der schönsten Städte der Insel. Georgianische Terrassen und Plätze, klassizistische Arkaden und viel Grün lassen den Besucher durchatmen; für körperliche Entspannung ist in dem noblen Kurbad ohnehin gesorgt. Viel zu erleben gibt es indes auch in der Provinz: In Clovelly, dem Musterdorf am Bristol Channel, auf den stürmischen Höhen des Exmoor National Park oder in Glastonbury, dem legendären Avalon der Artussage. Den diskreten Charme der Grafschaft Somerset erschmeckt man am intensivsten auf dem Land, wo feinherber Apfel-Cider und würziger Cheddar-Käse produziert werden. Ein Abstecher führt in die Cotswolds, eine britische Bilderbuchlandschaft par excellence. Schafherden, sanfte grüne Hügel, freundlich-schläfrige Dörfer – willkommen im Herzen Englands!

In diesem Kapitel:

ADAC Top Tipps:

10 The Roman Baths
| Thermen |

Die Römer wussten, was guttut. 2000 Jahre alt sind die erstaunlich gut erhaltenen Becken, auf deren Basis die Thermen des Mittelalters und der Neuzeit entstanden. Die ehemalige Trinkhalle ist heute ein Café. 111

ADAC Empfehlungen:

21 The Cheddar Gorge Cheese Company

| Käserei |

Was in deutschen Supermärkten mit orangem Farbstoff im Kühlregal liegt, hat mit echtem Cheddar nicht viel gemein – probieren Sie das Original direkt am Herkunftsort! 101

22 Clifton Suspension Bridge, Bristol

| Hängebrücke |

Die elegante Kettenbrücke des genialen Ingenieurs Brunel aus dem Jahr 1864 verbindet das Zentrum mit dem Nobelquartier Clifton. 107

23 Thermae Bath Spa

| Wellnessbad |

Was wäre ein Ausflug nach Bath ohne ein paar Stunden in der Therme? Höhepunkt im New Royal Spa ist der Pool auf der Dachterrasse. 114

24 Lacock Abbey

| Herrenhaus |

Haben Sie »Harry Potter und die Kammer des Schreckens« gesehen? Dann werden Sie den Kreuzgang aus dem 13. Jh. wiedererkennen. 114

25 Chedworth Roman Villa, Yanworth

| Römervilla |

Fantastisch erhaltene Privatvilla eines wohlhabenden romanisierten Briten (oder eines britischen Römers?) aus dem 4. Jh. 117

35 Clovelly

Südengland als Miniatur: Museumsdorf mit echten Menschen

Information

■ A39, nahe Bideford, Clovelly EX39 5TA, Tel. 012 37/43 17 81, www.clovelly.co.uk, hier ist auch das Eintrittsgeld in Höhe von 7,75 £, erm. 4,50 £ zu entrichten

Ein komplettes Dorf in Privatbesitz einschließlich seiner 400 Einwohner lässt sich gegen Eintritt besichtigen, putzt sich heraus für seine Tagesgäste und lebt offensichtlich gut davon. Man mag das Konzept als puren Kommerz abtun, die meisten Besucher aber sind fasziniert von der kleinen Zeitreise ins 19. Jh., denn das autofreie Clovelly erfüllt jedes Klischee eines malerischen südenglischen Fischerdorfs: weiß getünchte Häuschen mit Blumenschmuck, putzige Kunsthandwerksläden und ein kleiner Hafen inmitten grüner Hügel über dem Meer. Nur der vergleichsweise riesige Parkplatz und der massive Andrang an Wochenenden wollen nicht so ganz zum nostalgischen Flair passen.
Sehenswert sind die beiden Kirchlein St Peter und Fisherman's Church. Kurios: Die Holzschnitzereien am Oberammergau Cottage brachte Christine Hamlyn, die damalige Besitzerin, 1910 von einem Besuch der Passionsspiele aus Bayern mit.

ADAC Mobil

Wer nicht gut zu Fuß ist, kann für den anstrengenden Rückweg den Landrover-Service vom Hafen bis zum Parkplatz nehmen.

Immer wieder tun sich wunderbare Ausblicke aufs Meer und endlose Fotomotive auf, bis man schließlich die Kaimauer am Hafen erreicht. Übrigens sehen die Fischerboote nicht nur hübsch aus, sie werden auch tatsächlich noch benutzt.
Vorsicht: Der steile Abstieg auf der kopfsteingepflasterten High Street durch das Dorf zum Hafen ist nichts für Sandalen, Pumps oder Flip-Flops!

Cafés

Cottage Tea Rooms Snacks, Sandwiches und ausgezeichnete Scones mit »clotted cream«. Dazu ein netter kleiner Garten mit Bänken zum Draußensitzen. ■ High St., Clovelly

36 Ilfracombe

Durch den Tunnel an den Strand mit felsigen Swimmingpools

Information

■ Landmark Theatre, The Seafront, Ilfracombe EX34 9BZ, Tel. 012 71/86 30 01, www.visitilfracombe.co.uk

Das kleine Seebad am Bristol Channel (12 800 Einw.) liegt schön zwischen einem perfekt geformten Naturhafen und dem markanten Hausberg Hillsborough Hill, auf dem Archäologen Reste einer keltischen Siedlung fanden. Der Fischfang ist seit dem 12. Jh. die wichtigste Einnahmequelle des Ortes. Im 19. Jh. entstanden erste Ferienhotels. Stammgäste schätzen den authentischen Charakter des Städtchens, das heute landesweit als Wirkungsstätte des umstrittenen Kunstsuperstars Damien Hirst bekannt ist.

Vom Capstone Hill eröffnet sich ein schöner Blick auf Ilfracombe

Sehenswert

Verity

| Statue |

»Die Kunst gibt nicht das Sichtbare wieder, sondern macht sichtbar«. An das Zitat Paul Klees mag Damien Hirst (geb. 1965 in Bristol) gedacht haben, als er die 20 m hohe und 25 t schwere Bronzestatue am Hafen schuf. Sie stellt eine schwangere Frau dar, deren rechte Körperhälfte bis auf die inneren Organe und das ungeborene Kind freigelegt ist. Mit dem linken Arm reckt sie ein Schwert in den Himmel. Einige Kritiker sehen in dem Symbolbild für Wahrheit und Gerechtigkeit »monströsen Kitsch«, andere zeigen sich durchaus beeindruckt von der Gigantin am Kai.

Tunnels Beaches

| Gezeitenpool |

Ein Unikum ist der Tunnel, der ab 1820 in die Klippen westlich des Zentrums geschlagen wurde. Durch ihn gelangen Badegäste zu den Gezeitenbecken (»rock pools«), dem kleinen Strand und einer Terrasse mit Gastronomie. Auch Hochzeitsgesellschaften nutzen die ungewöhnliche Kulisse.

■ Ostern–Okt. tgl. 10–18, Juli, Aug. bis 19 Uhr, 2,50 £, erm. 1,50 £

Restaurants

€€€ | **The Olive Room** Unprätenziöse Sterneküche: Thomas Carr serviert in seinem kleinen Lokal 3- bis 7-Gänge-Menüs, Schwerpunkt Fisch und Meeresfrüchte. Tipp: Mittagsmenü für 40 £ – reservieren! ■ 56 Fore Street, Tel. 012 71/ 678 31, www.thomascarrdining.co.uk. Mi/Do 18.30–21 Uhr, Fr/Sa auch 12.30–14 Uhr

In der Umgebung

Lundy Island

| Insel |

Die nur 5 km lange Insel (28 Einw.) im Bristol Channel war im 12. und 13. Jh. der Sitz des anglonormannischen Familienclans der Mariscos, die nicht schlecht vom Plündern der vor Lundy aufgelaufenen Schiffe lebten. Die Ruine ihrer Festung und das einzige Pub der Insel mit dem Namen der räuberischen Sippe zeugen davon. Im 19. Jh. gelangte das Eiland in den Besitz eines gewissen William H. Heaven, der auf Lundy seinen Fantasiestaat »Kingdom of Heaven« ausrief. Philatelisten ist die Insel ein Begriff als Herausgeberin eigener Briefmarken, Vogelbeobachter kennen sie als Brutgebiet der ulkigen Papageientaucher (engl. »puffins«). Die meisten Besucher begnügen sich mit einem Tagesausflug, für den Urlaub à la Robinson kann man aber auch Ferienhäuschen mieten.

■ www.landmarktrust.org.uk/lundyisland, die »MS Oldenburg« verbindet Lundy mit Ilfracombe und Bideford in 2 Std. (hin und zurück 40 £, Kinder 21 £)

37 Lynton und Lynmouth

Zwillingsstadt zwischen dem Exmoor-Nationalpark und dem Meer

Information

■ Town Hall, Lee Rd., Lynton EX35 6HW, Tel. 015 98/75 22 25, https://visitlyntonandlynmouth.com

Die Lage der Zwillingsorte (zusammen 2200 Einw.) macht sie so einzigartig: Während Lynton 150 m über dem Bristol Channel liegt, schmiegt sich Lynmouth direkt an die Mündung des von lichten Eichenwäldern gesäumten River Lyn. Zusammen liegen sie mitten im Exmoor National Park, daher der treffende Tourismus-Slogan »Where Exmoor meets the sea«.

Die Standseilbahn Cliff Railway verbindet Lynton mit Lynmouth

Sehenswert

Cliff Railway

| Standseilbahn |

Ja, man kann auch den steilen Fußweg nehmen. Aber bequemer ist doch die altertümliche Standseilbahn zwischen den beiden Ortsteilen. Seit 1890 und zuverlässig wie ein Uhrwerk ziehen die beiden grasgrün lackierten Vehikel den bewaldeten Hang hinauf und hinunter – völlig emissionsfrei durch pure Wasserkraft betrieben.

■ www.cliffrailwaylynton.co.uk, tgl. 10–18, im Sommer bis 20 Uhr, 2,90 £ einfach, erm. 1,80 £

In der Umgebung

Valley of Rocks

| Felsformation |

Vor der Eiszeit mündete der River Lyn etwa 2 km weiter westlich in den Bristol Channel; vermutlich blockierte dann ein Gletscherfeld seine Bahn. Der einstige Mündungstrichter, eingerahmt von turmhohen Felsen, bietet heute einen grandiosen Anblick. Den schönsten Eindruck bekommt man unterwegs auf dem North Walk vom Friedhof Lynton bis zum Aussichtspunkt Valley of Rocks (ca. 30 Min.).

Exmoor National Park

| Nationalpark |

Weniger bekannt als Dartmoor, aber nicht minder besuchenswert: Den 692 km² großen Nationalpark, der sich über die Grafschaften Somerset und Devon erstreckt, zeichnet eine ungeahnte landschaftliche Vielfalt aus. Die Küste überragen imposante Klippen, das Hinterland prägen Hochmoor und Heide. Vom höchsten »Gipfel«, dem baumlosen Duncery Beacon (520 m) genießt man den perfekten Rundumblick über den Nationalpark, bei klarem Wetter sogar über den Bristol Channel bis zur walisischen Küste. Auf gut ausgeschilderten Wanderwegen begegnet man Herden von Exmoor-Ponys, einer urtümlichen Rasse, die nur hier vorkommt und wegen ihrer Widerstandskraft geschätzt wird.

■ Exmoor House, Dulverton, Tel. 013 98/32 36 65, www.exmoor-nationalpark.gov.uk

38 Minehead

Charmantes Strandbad mit nostalgischem Bahnanschluss ins Hinterland

Information

■ Im The Beach Hotel, The Avenue, Minehead TA24 5AP, Tel. 016 43/70 26 24, www.mineheadtowncouncil.co.uk

Somersets einziges echtes Seebad (10 000 Einw.) ist eine Kleinstadt mit einem langen Strand (aber meist trübem Wasser und enormem Tidenhub) am Bristol Channel, die im Sommer von Familien besucht wird, v. a. dank der Ferienanlage »Butlins Holiday Camp«. Die Oberstadt mit der gotischen St Michael's Church (14. Jh.) zieht sich über einen grünen Hügel des Hinterlands. Unten an der Uferpromenade markiert ein auffälliges Monument – zwei überlebensgroße Bronzehände halten eine Wanderkarte – den Startpunkt des South West Coast Path.

Sehenswert

West Somerset Railway

| Nostalgiebahn |

Die längste dampflokbetriebene Bahnstrecke Englands führt über 33 km von

Minehead nach Bishops Lydeard. Auf der 90-minütigen Fahrt durchquert der Zug schöne Landschaften – zuerst entlang der Küste und am malerischen Dunster Castle (s. u.) vorbei, dann durch hübsche Somerset-Dörfer.
■ www.west-somerset-railway.co.uk, tgl. Mai–Okt., Tagesticket 22 £, erm. 11 £, im Vorverkauf 20,25 £, erm. 10,15 £

Dunster Castle

| Burg |

Malten Kinder eine Ritterburg, sie sähe wohl aus wie Dunster Castle: hohe Mauern auf einem bewaldeten Hügel, zinnenbewehrte Türmchen, darüber eine Fahne im Wind – ein Bild von einer Burg. Dabei stammen nur noch die Fundamente und das Torhaus aus normannischer Zeit, denn im Bürgerkrieg wurde Dunster Castle größtenteils zerstört. Kern der Anlage ist der Stammsitz der Familie Luttrell, der im 19. Jh. das heutige Gepräge erhielt, ganz nach dem Geschmack der viktorianischen Epoche: ein bisschen neugotisch und ein bisschen sehr romantisch. Im Inneren imponiert die Stuckdecke des Speisesaals (1681), während der Park und die Terrasse mit ihren schlanken Palmen fast schon mediterran wirken.
■ Dunster, www.nationaltrust.org.uk, tgl. 10–17 Uhr (Burg ab 11 Uhr), 11,60 £, erm. 5,80 £, nur Gärten 8,50 £ bzw. 4,25 £

Restaurants

€€ | **The Wheelhouse** Zentral gelegenes gemütliches Lokal mit regionaler Küche und auch asiatisch angehauchte vegetarische Gerichte. Tipp: Lammhaxe aus dem Ofen (Lamb Shank).
■ 27 The Avenue, Tel. 016 43/81 82 45, www.wheelhouserestaurant-minehead.co.uk, Di–So 11.30–15, Di–Sa 18–21 Uhr

Einkaufen

Torre Cider Farm Die Grafschaft Somerset ist berühmt für ihren Cider, den frischen Apfelwein mit leichtem Alkoholgehalt. Auf der Torre-Obstfarm kann man die verschiedenen Qualitäten von lieblich bis herb verkosten und kaufen. ■ Watchet, Tel. 019 84/64 00 04, www.torrecider.co.uk, tgl. 10–17 Uhr

Sport

Minehead and West Somerset Golf Course Einer der bestgelegenen Golfplätze im Südwesten – direkt am Meer. Auch für Besucher. ■ Tel. 016 43/70 20 57, www.mineheadgolf.co.uk

39 Glastonbury

Pilgerstätte für Musikfans und New-Age-Hippies

Information

■ 9 High St., Glastonbury BA6 9DP, Tel. 014 58/83 29 54, www.glastonburytic.co.uk

Der Name der Kleinstadt (9000 Einw.) im Zentrum der Grafschaft Somerset steht zum einen für das gleichnamige Festival of Contemporary Performing Arts, das sich seit 1970 zu einem der größten Open-Air-Musikfestivals weltweit entwickelt hat, zum anderen für den Mythos von Avalon, der angeblichen Grabstätte des sagenhaften König Artus, weshalb New-Age-Hippies und Mittelalterfans Glastonbury für den Schnittpunkt geheimnisvoller Kraftlinien halten. Die bunte Szene prägt den Ort: Tarotkarten, heilende Steine und allerlei Retro-Nippes gibt es hier an jeder Ecke zu kaufen.

Im Blickpunkt

Auf dem South West Coast Path

Fernwanderwege (»national trails«) gibt es viele in Großbritannien, aber der längste und zugleich schönste ist der South West Coast Path, der sich über die gesamte südwestliche Halbinsel von Minehead bis Poole erstreckt. Seine Anfänge gehen zurück auf einen Pfad, den die Küstenwache im Kampf gegen Schmuggler anlegte, weshalb die Route fast durchgehend am Wasser verläuft. Technisch ist der bestens gepflegte Weg nicht schwierig, allerdings recht anstrengend, da er bei jeder Bachmündung auf Meereshöhe abfällt, um gleich wieder zur nächsten Klippe aufzusteigen. So betragen die zu überwindenden Höhenmeter auf der 1014 km langen Strecke sage und schreibe 35 000 m – fast viermal den Mount Everest. Die Infrastruktur für Wanderer ist perfekt, online ist jede Tagesetappe im Detail beschrieben. Wer ganz unbeschwert unterwegs sein möchte, kann sein Hauptgepäck sogar bequem von Quartier zu Quartier liefern lassen (www.luggagetransfers.co.uk). Und verlaufen kann man sich nicht, denn das Meer muss nur immer auf derselben Seite liegen ...
www.southwestcoastpath.org.uk

Sehenswert

Glastonbury Abbey

| Klosterruine |

Als Benediktinermönche ausgerechnet auf dem Grund ihres 1184 abgebrannten ersten Klosters zwei Baumsärge ausgruben, konnten die Toten doch nur Artus nebst Gattin Guinevere sein – eine mittelalterliche Pilgerstätte ersten Ranges war geboren. Die Pilgerströme spülten den findigen Äbten das nötige Kleingeld in die Klingelbeutel, um das Kloster ab dem 12. Jh. wieder aufzubauen – schöner und größer als je zuvor. Die zentrale Kirche war mit 177 m das damals längste Gotteshaus der Insel. Unter Henry VIII., der die Klöster auflösen und ihr Vermögen der Krone zuschlagen ließ, brannte die Abtei erneut, ihre Mauern verfielen und wurden als Steinbruch für Privathäuser missbraucht. Besucher ziehen die fotogenen Ruinen auf dem weitläufigen Parkgelände auch heute wieder an. Artus' angenommene Grabstelle im Boden des einstigen Chors der Klosterkirche ist markiert. Der einzige komplett erhaltene Bau auf dem Areal ist übrigens die Klosterküche, die einen lebendigen Eindruck vom Alltag der Benediktiner vermittelt.

■ Magdalene St., www.glastonburyabbey.com, tgl. 9–18 Uhr (Juni–Aug. bis 20 Uhr), 9,10 £, erm. 5,45 £, Shuttlebus zum Glastonbury Tor 2 £

Glastonbury Tor

| Aussichtspunkt |

Der Anblick hat schon etwas Magisches: 150 m hoch ragt der kegelförmige Hügel (kelt. »tor«) aus dem ansonsten flachen Marschland auf, gekrönt von einer Kirchturmruine aus dem 14. Jh. Der Bristol Channel reichte im frühen Mittelalter bei Flut noch weit ins Hinterland hinein, weshalb der Hügel zeitweise eine Art Insel in den

Gezeiten war – das ist für Esoteriker Grund genug, das mythologische Avalon hier zu verorten. An der Stelle, wo angeblich Joseph von Arimathäa den Kelch mit dem Blut Christi verbarg, tritt stark eisenhaltiges rötlich gefärbtes Wasser zutage. Der »Quelle des Kelches« (engl. Chalice Well) am Fuß des Hügels wird daher heilende Wirkung nachgesagt.

■ www.nationaltrust.org.uk

Restaurants

€€ | Rainbows End Café Typisch Glastonbury: Bio, fair trade und vegetarisch, dazu auch noch frisch und preiswert. ■ 17b High St., Tel. 014 58/83 38 96, https://rainbowsendcafe.com, tgl. 10–16 Uhr

Events

Glastonbury Festival of Contemporary Performing Arts Im zweijährigen Rhythmus, Ende Juni 2020 findet es statt, dann wieder 2022. Die Rolling Stones, David Bowie, Bob Dylan – auf der Pyramid Stage trat schon das gesamte Who's Who der Rock- und Popgeschichte auf. ■ Worthy Farm, www.glastonburyfestivals.co.uk

40 Wells

Des Königreichs kleinste Stadt hat eine große Kathedrale

Information

■ 8 Cathedral Green, Wells BA5 2UE, Tel. 017 49/67 17 70, www.wellssomerset.com

»Ziemlich viel Kathedrale für so wenig Stadt«, so der trockene und recht treffende Kommentar eines amerikanischen Touristen, aufgeschnappt bei einer Führung durch »England's smallest city«. Tatsächlich hat der gerade einmal 10 000 Einwohner zählende Bischofssitz (seit 909) einen erstaunlich großen Auftritt: Das freundlich-verschlafene Städtchen besitzt eine der mächtigsten gotischen Kathedralen des Landes.

Sehenswert

Wells Cathedral

| Kathedrale |

Kaum zu verfehlen im weitgehend intakten mittelalterlichen Stadtzentrum ist das Cathedral Green, die weite Rasenfläche der Domfreiheit, die man durch das Torhaus »Penniless Porch« betritt, dessen Name an die Bettler erinnert, die sich dort von den Kirchgängern ein Almosen erhofften. Die stämmige Hauptfassade der Kathedrale im Stil des Early English (Baubeginn 1180) mit ihren stumpfen Türmen zieren 340 Statuen. Diese Generalversammlung der Heiligen, der Engel, frommen Ritter und Bischöfe hinterließ bei den Gläubigen vermutlich einen nachhaltigen Eindruck, zumal die Figuren ursprünglich farbig bemalt waren. Im Innenraum fällt der Blick sofort auf den ungewöhnlichen Scherenbogen, der in Form einer nach unten offenen Acht den Vierungsturm stützt – ein Meisterwerk mittelalterlicher Statik.

Ein Kuriosum ist die astronomische Uhr aus dem Jahr 1390 im nördlichen Querschiff, die zu jeder Viertelstunde ein Glockenspiel mit vier Ritterfiguren auslöst und die auch die Mondphasen anzeigt.

■ www.wellscathedral.org.uk, tgl. 7–19 Uhr, Spende erbeten

Restaurants

€€ | The Greek Taverna at The Sun Der nette Grieche residiert in einem traditionellen britischen Gasthaus mit Innenhof. ■ 20 Union St., Wells, Tel. 017 49/93 95 33, www.sungreektaverna.co.uk, Mo–Sa 12–14, 18–21, So 12–14 Uhr

41 Cheddar

Ein Eldorado für Käsegourmets und Kletterer

Information

■ Perish Hall, Church St., Cheddar BS27 3RA, Tel. 01934-743217, www.cheddarparish council.org

Die Kleinstadt (5500 Einw.) am Fuße der Mendip Hills blickt zurück auf eine lange Geschichte, denn die Schlucht vor ihren Toren besiedelten Menschen schon in der Frühsteinzeit. Der gleichnamige Käse wurde bereits im Mittelalter als der beste im Lande gerühmt. Heute reisen Wochenendausflügler aus Bristol an, um in der Cheddar Gorge zu wandern oder zu klettern.

Sehenswert

Cheddar Gorge

| Schlucht |

Die mit 5 km längste und mit 115 m tiefste Felsschlucht Englands entstand in Folge der Eiszeit durch abfließendes Schmelzwasser. In der Gough's Cave, einer von zahlreichen Höhlen, fand man 1903 das älteste vollständige Skelett eines Briten: Der »Cheddar Man« starb vor etwa 9000 Jahren. Noch ältere Knochenreste werden gar auf 12 500 v. Chr. datiert. Ein Wanderweg mit 275 Stufen (»Jacob's Ladder«) führt an den Rand der Schlucht und bietet entsprechend tiefe Einblicke.

In der Cheddar Gorge fand man menschliche Knochen aus der Steinzeit

Einkaufen

21 **The Cheddar Gorge Cheese Company** Was auf dem Kontinent meist relativ geschmacksfrei in Supermarktkühltheken ausliegt, erweist sich am Herkunftsort als höchst aromatisch und vielfältig von mild bis sehr kräftig. Besucher können bei der Produktion zusehen, verschiedene Reifegrade kosten und auch Käse für zu Hause kaufen. ■ The Cliffs, Tel. 019 34/74 28 10, www.cheddaronline.co.uk, Schaukäserei tgl. 10–16 Uhr, 2 £, Kinder frei, Laden bis 17.30 Uhr geöffnet

42 Bristol

Großstadt mit Lebensqualität und üppigem Kulturangebot

Pero's Bridge über den Floating Harbour ist nach einem Sklaven benannt

Information

- E Shed, 1 Canon's Rd., Bristol BS1 5TX, Tel. 01 17/929 92 05, www.visitbristol.co.uk
- Parken: siehe S. 108

Die sechstgrößte Metropole Englands (435 000 Einw.) unweit der Mündung des River Avon war schon im 10. Jh. eine wichtige Hafen- und Handelsstadt. Richtig Karriere machte Bristol in der Kolonialzeit: 1497 stach hier der Venezianer Giovanni Caboto (engl. John Cabot), quasi der Kolumbus der Briten, in See, um mit seiner winzigen Karavelle »Matthew« die Nordwestpassage nach Fernost zu suchen. Stattdessen stieß Cabot mit seinen 18 Mann Besatzung immerhin auf Neufundland. Nach den Wikingern gilt er somit als erster Europäer in Nordamerika.

Vom 16. bis ins 18. Jh. lief der berüchtigte atlantische Dreieckshandel für Bristol glänzend: Englische Textilien und Waffen tauschte man in Westafrika gegen Sklaven ein, diese wurden auf die Plantagen der Neuen Welt verkauft, und man kam schwer beladen mit Zucker, Rum und Tabak zurück. Mehr als 2000 Sklavenschiffe stachen von Bristol aus in See und über eine halbe Million Menschen wurden in dieser Zeit von Afrika nach Amerika verschleppt.

Plan
S. 104/105

Als die Frachtschiffe immer größer wurden und weil der Hafen 10 km flussaufwärts vom Meer zu eng war, ging es im 19. und 20. Jh. steil bergab. Daran änderte auch der Ausbau des Floating Harbour ab 1809 nichts mehr. Ein Übriges tat der »Bristol Blitz«, der Bombenkrieg der deutschen Luftwaffe, die im Winter 1940/41 weite Teile der City dem Erdboden gleichmachte. Den Strukturwandel hat die Stadt inzwischen gut gemeistert; sie gilt als Sitz einflussreicher Hightech- und Medienunternehmen. Aardman Animations etwa ist für die Trickfilmreihen »Shaun das Schaf« und »Wallace and Gromit« weltweit bekannt.

Sehenswert

1 Watershed

| Kulturzentrum |

Das Kulturzentrum Watershed am Floating Harbour konzentriert sich ganz auf Film, Fotografie und digitale Medien – ein Gebiet, auf dem Bristol zur Avantgarde Europas zählt.

■ 1 Canons Rd., www.watershed.co.uk, tgl. 10 Uhr bis spätabends, Eintritt frei

2 Floating Harbour

| Hafenviertel |

Was Bristol zu einer besonders lebenswerten Stadt macht, ist seine Lage an den weit verzweigten ehemaligen Hafenanlagen. Die Docks und Speicherhäuser, z. T. noch aus dem 19. Jh., wurden zu einer attraktiven Promenade umgestaltet. Direkt am Wasser entstanden attraktive Wohnquartiere mit vielen Cafés, Pubs und Museen.

Eine angenehme Art, den »schwimmenden Hafen« kennenzulernen, bieten die blau-gelben Linienboote der Bristol Ferry (www.bristolferry.com), die im 40-Minuten-Takt die wichtigsten Stationen ansteuern, u. a. auch den alten Bahnhof Temple Meads.

ADAC Mobil

Die Linienboote der Bristol Ferry verkehren entlang des Floating Harbour (tgl. 10–18 Uhr, Tagesticket 6,60 £, erm. 5,60 £).
Der Bus Nr. 8 fährt vom Bahnhof Temple Meads nach Clifton Village (Tagesticket 4,50 £).

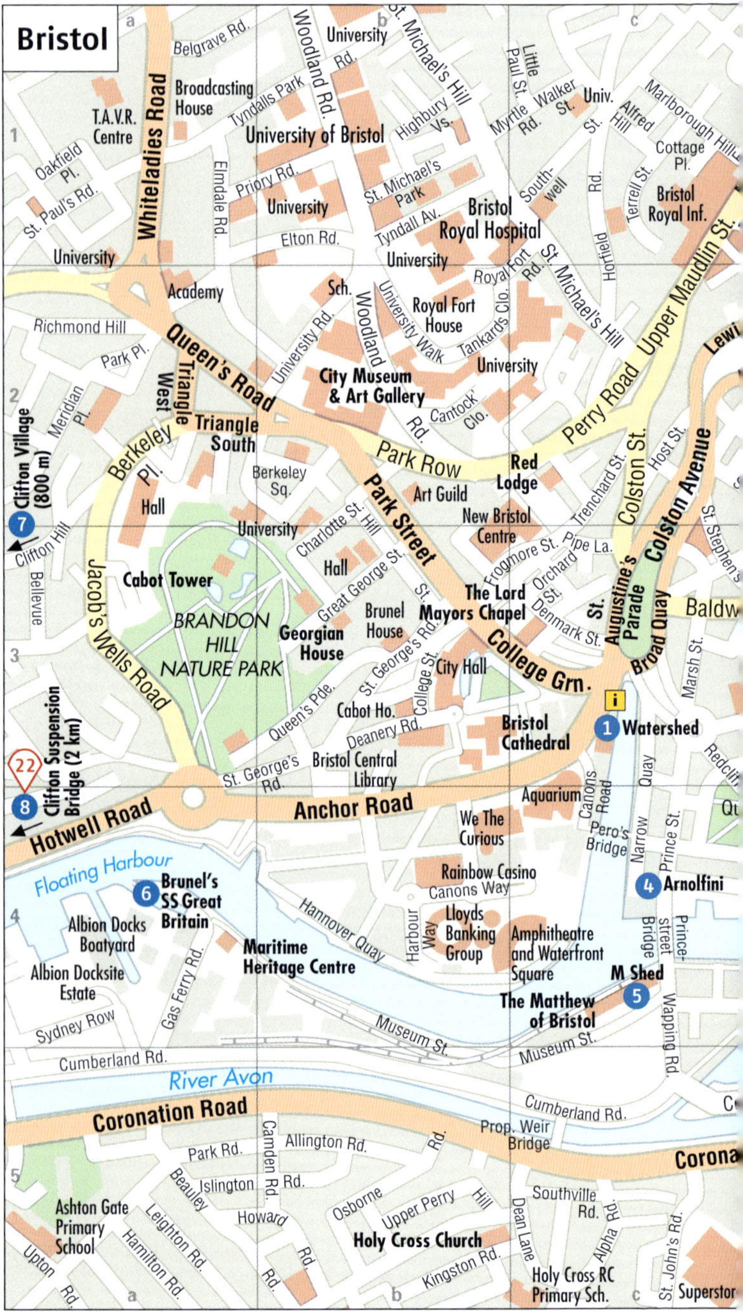
Bristol
T.A.V.R. Centre
Whiteladies Road
Belgrave Rd.
Broadcasting House
Tyndalls Park
Woodland Rd.
University Rd.
St. Michael's Hill
University of Bristol
Highbury Vs.
Little Paul St.
Myrtle Rd.
Walker St.
Univ. St.
Alfred Hill
Marlborough Hill
Cottage Pl.
Oakfield Pl.
St. Paul's Rd.
Elmdale Rd.
Priory Rd.
University
St. Michael's Park
Southwell
Rd.
Terrell St.
Bristol Royal Inf.
Tyndall Av.
Bristol Royal Hospital
Elton Rd.
University
Royal Fort Rd.
St. Michael's Hill
Horfield
Upper Maudlin St.
University
Academy
Sch.
Royal Fort House
Richmond Hill
Queen's Road
University Rd.
Woodland Rd.
University Walk
Tankards Clo.
University
Park Pl.
Triangle West
City Museum & Art Gallery
Perry Road
Meridian Pl.
Cantock Clo.
Clifton Village (800 m)
Berkeley Pl.
Triangle South
Park Row
Red Lodge
Colston St.
Host St.
Colston Avenue
Berkeley Sq.
Art Guild
Trenchard St.
Hall
New Bristol Centre
Park Street
University
Charlotte St.
Hill
Frogmore St.
Pipe La.
St. Stephen's
Clifton Hill
Hall
Orchard St.
Bellevue
Cabot Tower
Great George St.
St.
The Lord Mayors Chapel
Denmark St.
St. Augustine's Parade
Broad Quay
Baldw
Jacob's Wells Road
BRANDON HILL NATURE PARK
Georgian House
Brunel House
St. George's Rd.
College Grn.
Marsh St.
College St.
City Hall
Queen's Pde.
Cabot Ho.
Bristol Cathedral
Watershed
Clifton Suspension Bridge (2 km)
Deanery Rd.
Redcliff
St. George's Rd.
Bristol Central Library
Quay
Canons Road
Aquarium
Qu
Hotwell Road
Anchor Road
We The Curious
Pero's Bridge
Narrow
Prince St.
Floating Harbour
Rainbow Casino
Canons Way
Arnolfini
Brunel's SS Great Britain
Albion Docks Boatyard
Hannover Quay
Harbour Way
Lloyds Banking Group
Amphitheatre and Waterfront Square
Bridge
Prince street
Albion Dockside Estate
Gas Ferry Rd.
Maritime Heritage Centre
M Shed
The Matthew of Bristol
Wapping Rd.
Sydney Row
Museum St.
Museum St.
Cumberland Rd.
River Avon
Coronation Road
Cumberland Rd.
Prop. Weir Bridge
Corona
Park Rd.
Camden Rd.
Allington Rd.
Rd.
Beauley
Islington Rd.
Southville Rd.
Ashton Gate Primary School
Howard Rd.
Osborne
Upper Perry Hill
Alpha Rd.
St. John's Rd.
Leighton Rd.
Holy Cross Church
Dean Lane
Hamilton Rd.
Upton Rd.
Kingston Rd.
Holy Cross RC Primary Sch.
Superstor

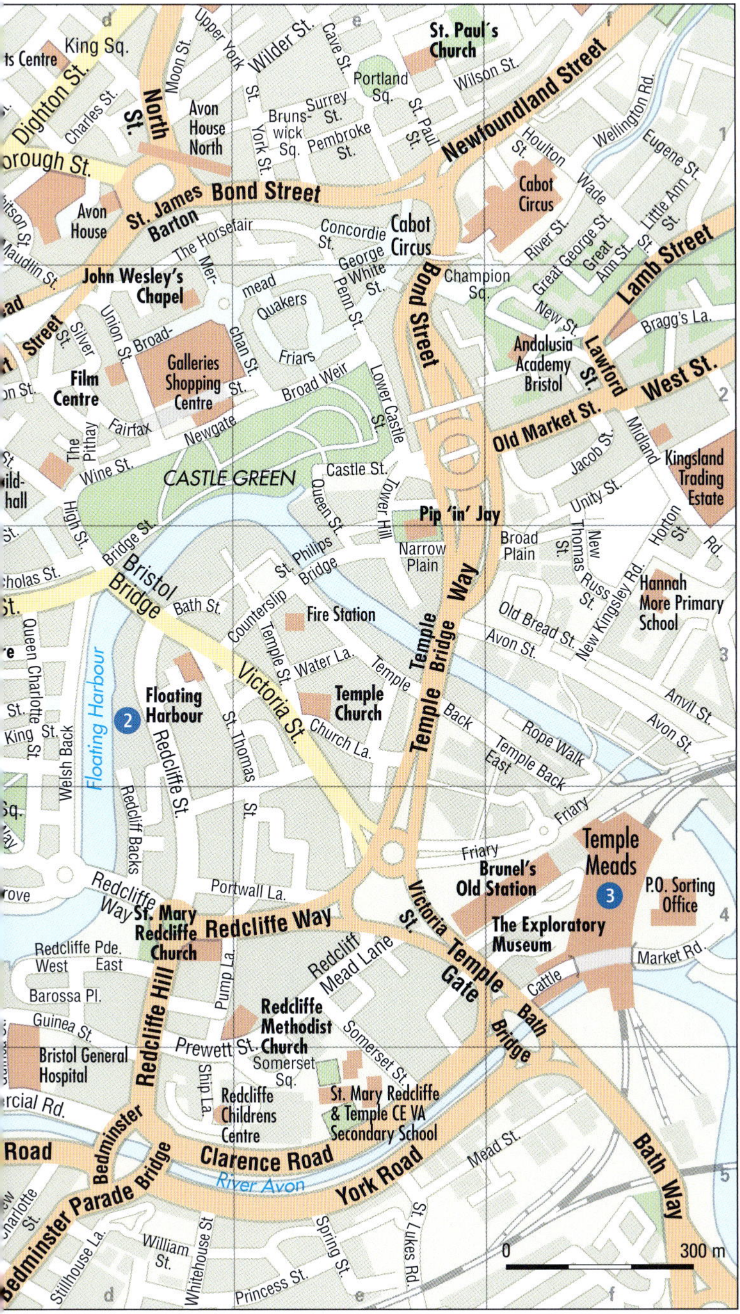
King Sq.
Dighton St.
Charles St.
North St.
Moon St.
Upper York St.
Wilder St.
Cave St.
St. Paul's Church
Portland Sq.
Wilson St.
Newfoundland Street
Avon House North
York St.
Surrey St.
Brunswick Sq.
Pembroke St.
St. Paul St.
Houlton St.
Wellington Rd.
Eugene St.
Avon House
St. James Barton
Bond Street
Cabot Circus
Wade
Concordie St.
Cabot Circus
Little Ann St.
The Horsefair
George White St.
River St.
Great George St.
Great Ann St.
Lamb Street
John Wesley's Chapel
Merchant St.
mead
Quakers
Friars
Penn St.
Bond Street
Champion Sq.
New St.
Bragg's La.
Street
Silver St.
Union St.
Broadmead
Galleries Shopping Centre
Broad Weir
Lower Castle St.
Andalusia Academy Bristol
Lawford St.
West St.
Film Centre
Fairfax
Newgate
Old Market St.
Midland
Kingsland Trading Estate
The Pithay
Wine St.
CASTLE GREEN
Castle St.
Queen St.
Tower Hill
Jacob St.
Unity St.
Pip 'in' Jay
High St.
Bridge St.
St. Philips Bridge
Narrow Plain
Broad Plain
Thomas St.
New Thomas St.
Horton St.
Rd.
Bristol Bridge
Bath St.
Counterslip
Fire Station
Way
Russ St.
New Kingsley Rd.
Hannah More Primary School
Old Bread St.
Avon St.
Temple Bridge
Temple St.
Water La.
Temple Back
Queen Charlotte St.
King St.
Welsh Back
Floating Harbour
Floating Harbour
2
Victoria St.
Temple Church
Church La.
Anvil St.
Avon St.
Redcliffe St.
St. Thomas St.
Temple
Rope Walk
Temple Back East
Redcliff Backs
Friary
Friary
Temple Meads
Brunel's Old Station
3
P.O. Sorting Office
Redcliffe Way
Portwall La.
St. Mary Redcliffe Church
Redcliffe Way
Victoria St.
The Exploratory Museum
Redcliffe Pde. West
East
Redcliff Mead Lane
Temple Gate
Market Rd.
Cattle
Barossa Pl.
Pump La.
Redcliffe Methodist Church
Bath Bridge
Guinea St.
Redcliffe Hill
Somerset St.
Bristol General Hospital
Prewett St.
Somerset Sq.
Ship La.
Redcliffe Childrens Centre
St. Mary Redcliffe & Temple CE VA Secondary School
Road
Bedminster Bridge
Clarence Road
River Avon
York Road
Mead St.
Bath Way
Bedminster Parade
Stillhouse La.
William St.
Whitehouse St.
Spring St.
St. Lukes Rd.
Princess St.
0
300 m

3 Temple Meads

| Bahnhof |

Das wunderschöne Bahnhofsgebäude ist eine Art viktorianische Eisenbahn-Kathedrale, erbaut nach Plänen des genialen Ingenieurs Isambard Kingdom Brunel (1806–59), dem berühmtesten Sohn Bristols.

4 Arnolfini

| Museum |

In einem früheren Teespeicher widmet sich das Arnolfini zeitgenössischer Kunst und Architektur.

■ 16 Narrow Quay, www.arnolfini.org.uk, tgl. 10–18 Uhr, Eintritt frei

5 M Shed

| Museum |

Als Stadtmuseum dokumentiert das M Shed Bristols enge Verbindung zu Hafen, Industrie und Meer. In drei Abteilungen (»Bristol Places«, »Bristol People«, »Bristol Life«) werden die Zusammenhänge auf anregende Weise dargestellt, ohne die dunklen Kapitel der Geschichte wie etwa den Sklavenhandel auszusparen.

■ Princess Wharf, www.bristolmuseums.org.uk/m-shed, Di–Fr 10–17, Sa, So bis 18 Uhr, Eintritt frei

6 Brunel's SS Great Britain

| Museumsschiff |

Technik-Tausendsassa I. K. Brunel entwarf den ersten propellergetriebenen Eisendampfer für den Transatlantik-Liniendienst ab 1845. Viel Glück auf See war der »SS Great Britain« allerdings nicht beschieden. 1846 lief sie auf eine Sandbank, ihr Reeder ging in Konkurs, und das elegante Schiff fristete ein Dasein weit unter Wert als Truppentransporter im Krimkrieg und als

Im Blickpunkt

Banksy: Der große Unbekannte

Ist er in Wahrheit ein Alter Ego des Künstlers Damien Hirst, der auch aus Bristol stammt? Ist Banksy womöglich ein Kollektiv und keine Einzelperson? Ist er vielleicht eine Sie, weil seine Werke häufig Frauen und Mädchen darstellen? 1997 tauchten erste Schablonenbilder an Bristols Hauswänden auf, kennzeichnend für sie ist eine Art schwebender Melancholie, gepaart mit gesellschaftlicher Provokation. Frühe Werke zeigen den Tod im Ruderboot, einen Teddy mit Molotowcocktail oder Charles Manson als Anhalter »irgendwohin«. Aktuell kommentiert Banksy die Situation von Flüchtlingen, etwa in Calais mit einem Porträt von Apple-Gründer Steve Jobs als Migrant. In Weston-super-Mare konzipierte er das Anti-Disneyland »Dismaland«, einen Themenpark mit ausschließlich deprimierenden Szenerien. Zuletzt in den Schlagzeilen war das »Phantom« 2018 mit einem Bild, das sich während der Auktion bei Sotheby's selbst zerstörte. 2019 wurde sein Bild des britischen Unterhauses mit Primaten als Abgeordnete für 9,9 Mio. verkauft. Sein bekanntestes und laut Umfrage von 2017 sogar das beliebteste Kunstwerk Großbritanniens bleibt bisher sein »Balloon Girl«, ein kleines Mädchen, das einen Herz-Ballon davonfliegen lässt.

www.banksy.co.uk

Gefällt Ihnen das?

Neben der »SS Great Britain«, einem der ersten Dampfer auf der Transatlantikroute, gibt es in Portsmouth ein weiteres Schmuckstück britischer Schiffsbaukunst zu begehen: Die »HMS Victory« (S. 52) war das Flaggschiff Lord Nelsons und gilt als Symbol der jahrhundertelangen Vorherrschaft der britischen Marine auf allen Weltmeeren.

Kohlefrachter um Kap Hoorn. Nach einem Feuer an Bord lag sie jahrzehntelang gar als Wrack vor den Falklandinseln, bis sie 1970 zurückgeholt wurde und nach aufwendiger Renovierung zur Besucherattraktion avancierte.

■ Great Western Dockyard, Gas Ferry Rd., www.ssgreatbritain.org, tgl. 10–16.30 Uhr, 17 £, erm. 10 £

7 Clifton Village

| Stadtteil |

Der Nobelvorort entstand im 18. Jh. als Wohnquartier für Familien, die durch Sklaven- und Kolonialwarenhandel reich geworden waren. Nette Cafés, Boutiquen und Antiquitätenläden machen Clifton zu einem beliebten Einkaufs- und Flanierviertel. Die prächtigsten Häuser und Balkone mit gusseisernem Zierrat im georgianischen Stil stehen an der Princess Victoria Street und am Caledonia Place mit ihren heute öffentlich zugänglichen, damals privaten Straßengärten. Ein besonderes Juwel ist die schier endlose Reihenhausterrasse des Royal York Crescent mit tollem Blick auf die Innenstadt. Mit einer Länge von 400 m übertrifft sie sogar das Vorbild in Bath.

8 Clifton Suspension Bridge

| Hängebrücke |

22 *Ein Bild von einer Brücke und das Meisterwerk von I. K. Brunel*

Das Bristoler Wahrzeichen ist ein weiteres Meisterwerk I. K. Brunels. 1864 erbaut, überspannt die zeitlos-elegante, 214 m lange Brücke in 75 m Höhe die Schlucht des River Avon. Autofahrer zahlen eine kleine Maut, Fußgänger queren sie kostenlos. Geplant wurde die Konstruktion zwischen riesigen Pylonen noch für Pferdefuhrwerke – entsprechend eng geht es heute auf der Fahrbahn zu.

So stolz ist Bristol auf das Bauwerk, dass im Sommer freundliche »explainer« in bedruckten Westen Touristen mit weiteren staunenswerten Zahlen und Fakten zu beeindrucken wissen.

■ www.cliftonbridge.org.uk

P Parken

Trenchard Street Car Park ■ West End, bis 3 Std. 3 £, Tagesticket 4 £, Plan S. 104/105 c2

ADAC Spartipp

Von exotisch bis regional, Bristol ist ein gutes Pflaster für günstiges und leckeres Street Food, und Edna's Kitchen gehört zu den Pionieren der orientalisch-mediterranen Richtung. Hummus, Falafel, vegetarische Kebabs, Salate und Quiches – alles frisch und hausgemacht. Am Kiosk stehen Stühle und kleine Tische bereit, oder man bestellt »to go«.

€ | *Castle Park, Tel. 079 28/43 62 12, www.ednas-kitchen.com, tgl. 10–17 Uhr, Plan S. 104 /105 d2*

ADAC Wussten Sie schon?

Joseph Fry & Sons in Bristol war 1847 der Hersteller der ersten Tafel Schokolade der Welt – zuvor gab es nur Kakao in flüssiger Form. Die Firma wurde im 20. Jh. von Cadbury übernommen.

Restaurants

€ | **The Commercial Rooms** 1810 als Club für Reeder und Händler gegründet, heute Pub und Restaurant mit grandioser Einrichtung und grundsolidem Essen. ■ 43–45 Corn St., Tel. 0117/ 927 96 81, www.jdwetherspoon.com, tgl. 8–24 Uhr, Plan S. 104 /105 d3

€€ | **Riverstation** Lässige Atmosphäre und leckere Kleinigkeiten in der Deli Bar, stylish das À-la-carte-Restaurant darüber. Britisch-moderne Küche, schöner Blick auf den Floating Harbour. ■ The Grove, Tel. 0117/914 44 34, www.riverstation.co.uk, Mo–Sa 10–22, So 10–20 Uhr, Plan S. 104/105 d4

Einkaufen

Cabot Circus Unter dem gigantischen Glasdach vereint die Mall Läden, ein Kino und eine Minigolfanlage. ■ Glass House, www.cabotcircus.com, Mo–Sa 10–20, So 11–17 Uhr, Plan S. 104/105 f1

St Nicholas Market Originelle Souvenirs, Klamotten und Schmuck sowie Street Food in einer überdachten Markthalle. ■ Corn St., www.stnicholasmarketbristol.co.uk, Plan S. 104/105 d2

Kneipen, Bars und Clubs

Llandoger Trow Ältestes Pub Bristols in windschiefem Tudor-Fachwerkhaus, seit 1664. Der Freibeuter Blackbeard soll hier schon getrunken haben, und Daniel Defoe traf am Tresen Alexander Selkirk, das reale Vorbild für den literarischen Robinson Crusoe. ■ King St., Tel. 0117/926 16 50, Plan S. 104/105 d3

Thekla Das gibt's auf keinem Schiff? Gibt es doch: Club und Livemusikbühne auf einem stillgelegten Frachter (gebaut 1958 in Büsum) mitten im Floa-

Im Blickpunkt

Im Pub zu Hause

Dunkles Holz, Teppichboden, Eckbänke und Sofas: Ursprünglich war das Pub ein privates Wohnzimmer, in das der Gastgeber auch zahlende Gäste einlud. Heute ist es aus dem britischen Alltag nicht wegzudenken. Im Pub trifft man Kollegen nach Feierabend, kommt jenseits aller Hierarchien oder Herkunft mit jedermann ins Gespräch, kurz: Man fühlt sich wie zu Hause und ist doch unter Leuten. Ob Ale, Bitter oder Lager, bestellt wird immer direkt am Tresen, bezahlt vorab – das gilt auch für typische »bar meals« wie etwa Fish and Chips, Bangers and Mash (Würstchen mit Püree) oder Chicken Masala (indisches Hühnchen mit Reis). Anschreiben gibt es nicht – Briten lieben klare Ansagen. Trinkgeld erwartet im Pub übrigens niemand, besonders netten Service quittiert man höchstens mit einem Gläschen für den Barmann (»and one for yourself«). Ein absolutes No-Go: Vordrängeln und Ungeduld zeigen, denn vor dem Biere sind alle Briten gleich.

Der St Nicholas Market in Bristol lockt mit leckerem Street Food

ting Harbour. ■ The Grove, East Mud Dock, Tel. 0117/92933301, www.thekla bristol.co.uk, Plan S. 104/105 d4

Kinder

We The Curious Das kinderfreundliche Wissenschaftsmuseum ist multimedial und interaktiv auf dem neuesten Stand, anfassen und ausprobieren ist hier explizit erwünscht. ■ Anchor Rd., www.wethecurious.org, Mo–Fr 10–17, Sa, So bis 18 Uhr, 14,50 £, Kinder 9,50 £, Plan S. 104/105 b4

Events

Bristol International Balloon Fiesta Das europaweit größte Treffen von Freunden der Ballonfahrt findet jedes Jahr an vier Tagen Mitte August statt. Auf dem Parkgelände des Ashton Court Estate südwestlich des Zentrums steigen dann bis zu 150 farbenfrohe Heißluftballons gleichzeitig auf. ■ www.bristolballoonfiesta.co.uk, Plan S. 104/105, westl. a5

Sport

Bristol and Bath Railway Path Auf einer alten Bahntrasse führt der Rad- und Fußweg (www.bristolbathrailway path.org.uk) komplett autofrei durch das reizvolle Avon Valley vom Bahnhof Temple Mead in Bristol bis zum Bahnhof Spa Station in Bath. Halbwegs geübte Radfahrer schaffen die vorwiegend flachen 20 km in zwei Stunden. Der Zug zurück fährt im Stundentakt; Fahrräder werden kostenlos befördert. ■ Leihräder ab 16 £/Tag (Lieferung und Abholung zzgl. 10 £) bei Webb's Cycle Shop ungefähr auf halber Strecke, 3 The Park, Willsbridge, Tel. 0117/9325763, www. webbscustomcyclehire.co.uk

43 Bath

Heiße Quellen und die »gute alte Zeit«

Das Thermalwasser der Roman Baths wussten schon die alten Römer zu schätzen

Information

- Bridgwater House, 2 Terrace Walk, Bath BA11LN, Tel. 08 44/847 52 56, www.visitbath.co.uk
- Parken: siehe S. 113

»Die kultivierteste Stadt Englands«, sagen die einen. »Der Ursprung des Snobismus«, urteilen andere. Fest steht, dass schon die Römer Gefallen an gepflegtem Badevergnügen fanden, denn sie errichteten 54 v. Chr. um die etwa 46 °C heiß sprudelnden Quellen den Kurort Aquae Sulis, benannt nach der keltischen Quellen- und Sonnengöttin Sul. Im Mittelalter gerieten die Quellen in Vergessenheit, und so begann das goldene Zeitalter der Stadt (90 000 Einw.) erst im 18. Jh., als bei Bauarbeiten Thermen und Tempel wieder auftauchten. Nun entdeckte die High Society das Kuren, wobei der Heilerfolg weniger wichtig war als das gesellschaftliche Schaulaufen. Der Dandy Richard Nash (1674–1761), seiner Hässlichkeit wegen spöttisch »Beau« Nash genannt, avancierte zum Zeremonienmeister. Die Müßiggänger aus der Oberschicht blieben unter sich, man traf sich in noblen »Assembly Rooms« zu gehobenem Small Talk, Tee und gesittetem Tanz. Um 1750 war Bath bereits eine der größten Städte im

Plan
S. 113

Königreich, und die Architekten John Wood (1704–54) und dessen gleichnamiger Sohn (1727–81) schufen auf dem Reißbrett eine Modellstadt nach dem Vorbild des italienischen Renaissancemeisters Andrea Palladio. Säulen und Pilaster, weit geschwungene Reihenhausterrassen (engl. »crescents«) und der typische honigfarbene Kalkstein der Fassaden verleihen ihr jenes aristokratische Erscheinungsbild, das jedes Jahr fünf Millionen Tagestouristen und eine Million Übernachtungsgäste anlockt. Seit 1987 ist Bath UNESCO-Weltkulturerbe und ein Beispiel für ein einheitliches Stadtbild ohne eine Spur von industrieller Nutzung.

Sehenswert

1 The Roman Baths

| Thermen |

10 *Wellness – eine Erfindung der alten Römer?*

Das antike Badehaus, 5 m unter dem heutigen Straßenniveau, wurde nach seiner Wiederentdeckung 1755 mit einer neoklassizistischen Säulenhalle überbaut. Die Quelle, die vor den Römern bereits die Kelten kannten, fördert täglich 1,15 Mio. l Thermalwasser mit einer konstanten Temperatur von 46,5 °C an die Oberfläche. Die Römer weihten das Naturwunder Minerva, der Göttin der Heilkunst, und errichteten ihr zu Ehren einen Tempel. Mit einem System aus Bleileitungen gelangte das Wasser in die verschiedenen Becken. Das Museum führt per Audioguide durch die Geschichte der Thermen. Schlusspunkt des Rundganges ist der herrschaftliche »Pump Room«, wo früher die Kurgäste ihr Heilwasser tranken und heute Touristen zu Klaviermusik den Nachmittagstee einnehmen.

■ Abbey Churchyard, Tel. 01225/477785, www.romanbaths.co.uk, 17. Juni–Aug. 9–21, Sept., Okt., März–16. Juni 9–17, sonst 9.30–17 Uhr, 18 £, erm. 11,25 £

ADAC Wussten Sie schon?

Eine Gratis-Führung durch Bath findet So–Fr um 10.30 und 14, Sa nur um 10.30 Uhr statt, Treffpunkt: vor dem Eingang zu den Roman Baths, Dauer ca. 2 Std., Anmeldung nicht erforderlich.

2 Bath Abbey

| Kirche |

In der Abteikirche (1499) mit dem markanten Vierungsturm liegen Berühmtheiten aus Baths goldenem Zeitalter begraben, so auch der »King of Bath«, Beau Nash, der im Jahr 1762 verstarb. Die lateinische Grabinschrift im südlichen Querschiff sagt alles: »Elegantiae Arbiter« (Schiedsrichter des guten Geschmacks).

■ Tel. 012 25/42 24 62, www.bathabbey.org, Mo–Sa 9–17.15, So 13–14.30, 16.30–18 Uhr, 4 £, erm. 2 £

3 Pulteney Bridge

| Brücke |

Venedig hat die Rialtobrücke, Bath die Pulteney Bridge, Englands einzige komplett bebaute Brücke, errichtet 1770 nach einem Plan von Robert Adam. Quert man auf ihr den River Avon vom Stadtzentrum aus, erreicht man die Great Pulteney Street mit weiteren eleganten Wohnpalästen im georgianischen Stil.

4 The Jane Austen Centre

| Museum |

Die Autorin von »Stolz und Vorurteil«, die 1801–06 in Bath lebte, verewigte die feine Gesellschaft mit ihren Konventionen in ihren Romanen »Persuasion« (dt. »Überredung«) und »Northanger Abbey« (dt. »Die Abtei von Northanger«). Das Museum zeichnet die Stationen ihres Lebens nach. Der Regency Tea Room im Stil der Zeit bietet kleine Erfrischungen an.

■ 40 Gay St., Tel. 012 25/44 30 00, www.janeausten.co.uk, tgl. 10–17.30 Uhr, 10,80 £, erm. 5,50 £

Gefällt Ihnen das?

Falls Sie nicht nur einen Einblick in Jane Austens Leben in Bath gewinnen, sondern auch nachvollziehen möchten, wie ihr Alltag auf dem Land aussah, so besuchen Sie ihr Cottage in Chawton (S. 55). Dort verbrachte die Schriftstellerin ihre letzten Lebensjahre.

5 Bath Assembly Rooms

| Ballsaal |

Ein wenig Tanzschule, ein wenig Kostümverleih: Der einstige soziale Mittelpunkt der feinen Gesellschaft beherbergt heute ein Modemuseum, das über 200 Kleidungsstücke aus verschiedenen Epochen präsentiert. Ein großer Spaß, nicht nur für Kinder: Besucher können sich zum Abschluss der Tour selbst in Schale werfen.

■ Bennett St., Tel. 012 25/47 77 89, www.fashionmuseum.co.uk, tgl. 10.30–17 Uhr, 9,50 £, erm. 7,25 £

6 Royal Crescent

| Platz |

Ein Musterbeispiel für das Repräsentationsbedürfnis der Epoche: Fast wie eine Theaterkulisse wirkt das elegante Halbrund, das John Wood jr. 1767 schuf. 114 ionische Säulen flankieren die Front der 30 aristokratischen Reihenhäuser oberhalb des Royal Victoria Park mit Botanischem Garten. Einen Eindruck vom Wohnalltag vermittelt die Ausstellung in No. 1 Royal Crescent.

■ Tel. 012 25/42 81 26, www.no1royalcrescent.org.uk, Mo 12–17.30, Di–So 10.30–17.30 Uhr, 10,50 £, erm. 5,30 £

P Parken

Charlotte Street Car Park ■ 3 Std. 3 £, Tagesticket 8 £, Plan S. 113 a3

Restaurants

€ | Olé Tapas Nicht nur für den kleinen Hunger: Tapas wie in Nordspanien, serviert von einem Paar aus Galicien. Besonders zu empfehlen ist »pulpo a la gallega« (Oktopus mit Paprika). ■ 1 John St. (1. Stock), Tel. 01225/466440, www.oletapas.co.uk, tgl. 12–22 Uhr, Plan S. 113 b3

€€ | Clayton's Kitchen Kleines informelles Lokal mit britisch-mediterraner Küche in hervorragender Qualität. Im Sommer sitzt man schön auf der Terrasse im Hochparterre. Tipp: Die Desserts sind sündhaft lecker! ■ 15A George St., Tel. 01225/585100, www.claytonskitchen.com, tgl. 12–14.30, 18–21.30 Uhr, Plan S. 113 b2

€€ | The Hare and Hounds Der Abstecher an den nördlichen Stadtrand lohnt sich, denn das wunderschöne, neu gestaltete viktorianische Country Pub bietet neben guter Landluft klassische britische Spezialitäten wie Lammbraten und Shepherd's Pie. ■ Lansdown Rd., Tel. 01225/482682, www.hareandhoundsbath.com, tgl. 9–23 Uhr, Plan S. 113, nördl. b1

Einkaufen

Molton Brown Das passende Souvenir aus der Bäder-Stadt: edle Duschgels, Seifen und Düfte, die auch zu Hause noch lange die Erinnerung wach halten. ■ 9 Union St., Tel. 01225/789984, www.moltonbrown.co.uk, Plan S. 113 c4

Kneipen, Bars und Clubs

The Bell Inn Eine Institution: Bar, Pub und Musikbühne. Als »Die Glocke« 2013 pleite war, legten mehr als 500 Stammkunden zusammen und führen den Laden seither als Genossenschaft weiter. ■ 103 Walcot St., Tel. 01225/460426, www.thebellinnbath.co.uk, Plan S. 113 c1

Im Blickpunkt

Englische Gotik

Als erster gotischer Kirchenbau Englands gilt der Chor der Kathedrale von Canterbury, der ab 1175 entstand. Der neue »French Style« vom Kontinent verband sich auf der Insel mit älteren anglo-normannischen Bautraditionen zum »Early English Style«. Auffällig ist, dass die Briten dabei nie die himmelwärts strebenden Ambitionen europäischer Meister auslebten, sondern vielmehr die Länge ihrer Kathedralen betonten. Fast ausnahmslos baute man dreischiffig, an den überbreiten Westfassaden führt sozusagen kein Weg vorbei. Mehr Liebe zum Detail entwickelte der »Decorated Style« (1250–1370), der sich wie in Wells durch komplexes Maßwerk, Gewölberippen mit grandiosen Mustern und den Einbau farbiger Fenster auszeichnete. Ihren Höhepunkt erreichte die englische Gotik ab etwa 1350 im »Perpendicular Style« (lat. perpendiculum: Lot, Richtschnur): Die Ornamentik tritt etwas zurück und schafft Platz für eine klare Geometrie, ein weites Raumgefühl wie etwa in der Abteikirche von Bath oder der Kathedrale von Winchester.

Erlebnisse

Bath Boating Station Wer ein wenig Abstand sucht vom Touristenrummel in Baths Zentrum, wird auf dem Fluss fündig: Am schattigen Ufer des River Avon kann man stundenweise (ab 7 £) Kanus, Ruderboote oder die traditionellen Stakboote (»punting boats«) mieten. ■ Forrester Rd., Bathwick, Tel. 01225/312900, www.bathboating.co.uk, Plan S. 113, nordöstl. c1

Wahlweise kreuzen die Ausflugsboote der Pulteney Cruisers ab der gleichnamigen Brücke flussaufwärts bis zum Wehr bei Bathampton und zurück. ■ www.pulteneycruisers.com, 90 Min., 10 £, erm. 5 £, Plan S. 113 c3

Entspannung

23 **Thermae Bath Spa** Die Bäder aus dem 18. Jh. wurden stilvoll auf den neuesten Stand gebracht, und vom wohlig warmen Thermalpool auf dem Dach des Hauptgebäudes überblickt man die ganze Altstadt. ■ The Hetling Pump Room, Hot Bath St., Tel. 01225/331234, www.thermaebathspa.com. Ab 36 £/2 Std. (kein Zutritt für Kinder unter 16 Jahren), Plan S. 113 b4

In der Umgebung

Lacock Abbey

| Herrenhaus |

24 *Die perfekte Filmkulisse und Geburtsort moderner Fotografie*

Harry-Potter-Fans wird die ehemalige Augustinerabtei aus dem 13. Jh. bekannt vorkommen: Im Kreuzgang wurden Szenen für »Die Kammer des

Größer und weniger besucht als Stonehenge – der Steinkreis von Avebury

Schreckens« gedreht. Auch das museale Dorf Lacock Village taucht immer wieder im Film auf, z. B. in den Jane-Austen-Verfilmungen »Emma« (1996) und »Stolz und Vorurteil« (2005).
Nach Auflösung des Klosters entstand auf dem weitläufigen Parkgelände der private Landsitz der Familie Talbot in neugotischem Stil. Der Universalgelehrte William Henry Fox Talbot (1800–77) gilt als Fotopionier. Auf Lacock gelang ihm 1835 das erste Papiernegativ der Welt – ein unscheinbares Foto von einem Erkerfenster des Anwesens.

■ Lacock, Chippenham, Tel. 012 49/73 04 59, www.nationaltrust.org.uk, Mitte Feb.–Anfang Nov. 11–17, Dez.–Feb. nur Sa, So 11–16 Uhr, 14,50 £, erm. 7,20 £

Avebury

| Steinkreis |

Anders als in Stonehenge wurden die Monolithen von Avebury unbearbeitet und ohne Decksteine vor rund 4500 Jahren positioniert. Die Steine stammen aus gut 2 km Entfernung und bilden einen großen äußeren und zwei kleinere innere Kreise innerhalb eines doppelten Erdwalls, wobei die Mittellinie auf den Mittsommer-Sonnenaufgang ausgerichtet ist. Mit einem Durchmesser von 427 m ist die Struktur um ein Vielfaches größer als Stonehenge. Von ursprünglich 154 Steinen sind noch 36 erhalten. Im 17. und 18. Jh. wurden viele als Baumaterial für Bauernhäuser verwendet. Erst 2017 entdeckten Archäologen die Überreste eines rechteckigen Platzes im südlichen inneren Kreis, dessen Bedeutung rätselhaft bleibt. Sein eigenes Bild von Avebury kann sich jeder Besucher selbst machen, denn das gesamte Gelände ist frei (und kostenlos) begehbar, die Steine kann man dabei von allen Seiten ansehen und anfassen. Mehr zur

Geschichte erfährt man im Alexander Keiller Museum, benannt nach dem Mäzen und Amateurarchäologen (1859–1955), der sich sein Leben lang für die Erforschung und den Erhalt Aveburys engagierte.

■ Museum: High St., Tel. 0117/9759250, www.english-heritage.org.uk, tgl. 10–18 Uhr, Nov.–März bis 16 Uhr, 4,40 £, erm. 2,20 £

44 Cotswolds

Die englische Toskana: grüne Hügel und dörfliches Idyll

Information

■ Im Corinium Museum, Park St., Cirencester GL7 2BX, Tel. 01285/654180, www.cotswolds.com

»Das Herz Englands« wird jener Landstrich auch genannt, der sich zwischen den Grafschaften Somerset, Wiltshire und Gloucestershire erstreckt. Insofern liegen die Cotswolds (»wolds« bedeutet »Hügel«) streng genommen zwar nicht mehr in Südengland, aber ein Abstecher bietet sich wegen ihrer besonderen Schönheit an. Was Kontinentaleuropäer gern als »typisch englisch« bezeichnen, man findet es hier: saftig-grüne Hügel, friedlich grasende Schafe, blühende Gärten, in sich ruhende Dörfchen mit antiquierten Pubs und Krämerläden. Prägende Elemente sind auch die jahrhundertealten Hecken und Bruchsteinmauern, die schmale Landstraßen begrenzen, sowie der gelbliche Kalkstein, der traditionell zum Bau der Häuser verwendet wird. Zu frühem Wohlstand brachte es die Region bereits im Mittelalter dank der Schafwolle, die im ganzen Land und auch auf dem Kontinent wegen ihrer besonderen Qualität hochgeschätzt wurde. Für Städter aus London oder Manchester mit dem nötigen Kleingeld ist die Region längst kein Geheimtipp mehr: Ferien auf dem Land haben Konjunktur, und das rustikale

Der gelbliche Kalkstein aus den Cotswolds wird traditionell zum Hausbau verwendet

Cotswolds-Cottage mit möglichst luxuriösem Innenausbau steht ebenso hoch im Kurs wie andernorts die mallorquinische Finca oder das Bauernhaus in der Toskana. Entsprechend viel besucht werden die Städtchen und Dörfer; geradezu überlaufen sind manche in den Ferienmonaten.

Sehenswert

Castle Combe

| Dorf |

Dafür, dass die »Burg in der Mulde« (engl. »combe«) im Wesentlichen nur aus zwei Straßen, einem mittelalterlichen Marktkreuz und einer Kirche mit romantisch anmutendem Friedhof besteht, hat das Dorf einen erstaunlich großen Parkplatz 1 km oberhalb des historischen Kerns. Wer Castle Combe an einem Sommerwochenende ansteuert, versteht warum. Aufgrund der Nähe zu Bristol und Bath ist der Ort, der zu Recht als eines der schönsten Dörfer Englands gilt, ein beliebtes Ausflugsziel.

Cirencester

| Provinzstadt |

»The Capital of the Cotswolds« (15 000 Einw.) erweist sich als entspanntes Provinzstädtchen, dem man seinen Wohlstand durchaus ansieht. Das römische Corinium war in der Antike die zweitwichtigste Garnison nach London, und im Mittelalter gingen die Geschäfte am schönen Market Square so gut, dass man sich mit der St John the Baptist Church eine repräsentative »wool church« (Wollkirche) leisten konnte. Unbedingt sehenswert ist das Corinium Museum, das das römische Erbe der Stadt auf unterhaltsame Weise illustriert.

■ Museum: Park St., Tel. 012 85/65 56 11, www.coriniummuseum.org, Mo–Sa 10–17, So 14–17 Uhr, 5,80 £, erm. 2,80 £

Chedworth Roman Villa

| Römervilla |

25 *Schöner wohnen bei den alten Römern*

Das 1864 entdeckte römische Anwesen wurde zwischen dem 2. und 4. Jh. vermutlich von einer römisch-britischen Familie gegründet und im Laufe der Zeit ausgebaut. Das Triclinium, den Speisesaal, bedeckt ein wunderschön erhaltenes Bodenmosaik. Die beheizten Bäder zeugen von einem Komfort, den es nach Zerstörung der Anlage im 5. Jh. in Britannien für sehr lange Zeit nicht mehr geben sollte.

■ Yanworth (bei Cheltenham), Tel. 012 42/ 89 02 56, www.nationaltrust.org.uk, tgl. 10–17 Uhr, 12,30 £, erm.6,15 £

Stow-on-the-Wold

| Altstadt |

Der Ort (2800 Einw.) ist Kreuzungspunkt uralter Handelswege: Bis zu 20 000 Schafe wurden hier an mittelalterlichen Markttagen verkauft. Das Nordportal der gotischen St Edwards Church flankieren zwei mächtige Eiben, die mit dem Gotteshaus scheinbar organisch verwachsen sind. Weniger malerisch, aber wohl ähnlich alt ist der Pranger auf dem Marktplatz. Das Porch House, seit den 1970er-Jahren in ein komfortables Hotel umgewandelt, rühmt sich, das älteste britische Gasthaus überhaupt zu sein, laut Chroniken geht es zurück bis in das Jahr 947.

Broadway Tower

| Aussichtsturm |

Der Ort Broadway (2500 Einw.) gilt als Inbegriff der Cotswolds-Eleganz. Die gepflegten alten Cottages und noblen Ferienhäuser entlang der Hauptstraße sind ein wenig wie ihre Besitzer: Ihren Reichtum kann man zwar leicht erahnen, geprotzt wird aber unter keinen Umständen – britisches Understatement at it's best. Der Paradeblick über die umgebende bukolische Landschaft bietet sich vom Broadway Tower, auf einem 300 m hohen Hügel etwas außerhalb. Der Baumeister James Wyatt errichtete den romantischen Doppelturm 1794 als sogenannte »folly« (architektonische »Narretei«) für eine gewisse Lady Coventry – zweckfreie Staffage, aber wunderschön anzusehen.

■ A44 Evesham/Moreton (1,7 km von Broadway), www.broadwaytower.co.uk, tgl. 10–17 Uhr, 5 £, erm. 3 £

Chipping Campden

| Altstadt |

Das historische Cotswolds-Städtchen (1900 Einw.) ist bekannt für seine terrassenartig angelegte High Street und die kuriose offene Markthalle (1627). Etwa genauso alt sind die Almshouses, Reihenhäuser, die ein wohlhabender Kaufmann im jakobäischen Stil als Unterkunft für mittellose Familien errichten ließ – eine Art früher sozialer Wohnungsbau. Aus dem 15. Jh. stammt die St James Church, eine der schönsten Wollkirchen der Region.

Restaurants

€€ | **The Old Butchers** Aus einem ehemaligen Metzgerladen wurde ein feines und dabei bodenständiges Restaurant. Sehr gute Bratengerichte und Steaks, aber auch Fisch und Vegetarisches. Nicht teuer für die Qualität. ■ Park St., Stow-on-the-Wold, Tel. 01451/831700, www.theoldbutchers.squarespace.com, tgl. 12–14.30, 19–21 Uhr

€€ | **The Bell** Schönes Country-Pub mit Sommerterrasse. Regionales Essen mit Niveau. ■ Sapperton (nähe Cirencester), Tel. 01285/760298, www.bellsapperton.co.uk, Mo–Sa 11–23, So bis 21 Uhr

€€ | **The Falkland Arms** Uraltes Dorfpub, gepflegte Ales und Cider, dazu klassische Pub-Küche; auch Hotel. ■ 19-21 The Green, Great Tew (bei Chipping Norton), Tel. 01608/683653, www.falklandarms.co.uk, tgl. 12–14.45, 18–21, So bis 20 Uhr

€€€ | **The Garden Room at Dormy House Hotel** Weniger ist mehr: Skandinavisch kühles Ambiente, klare Küche mit erlesenen regionalen Zutaten. Probieren Sie das »tasting menu« für 69 £ – es ist jedes Pfund wert. ■ Willersy Hill, Broadway, Tel. 01386/859910, www.dormyhouse.co.uk, tgl. 19–21.30 und So 13–14.30 Uhr

Events

The Cotswolds Olimpicks Eine Art bäuerliche Spaß-Olympiade mit Tradition seit dem 17. Jh., die jährlich am ersten Freitag nach Pfingsten bei Chipping Campden stattfindet, mit der Meisterschaft im Schienbeintreten (Shin Kicking), Rennen auf seifigem Grund oder ähnlich bizarren Wettbewerben. ■ www.olimpickgames.co.uk

Wandern

The Cotswolds Way Der Wanderweg führt auf über 150 km kreuz und quer durch die ländlichen Cotswolds von Bath im Süden bis nach Chipping Campden im Norden. ■ www.nationaltrail.co.uk/cotswold-way

Übernachten

Touristischer Brennpunkt Nummer eins für diesen Teil Südenglands ist zweifellos Bath. In der attraktiven Bäderstadt sind die Übernachtungspreise tendenziell höher als im Rest der Region, und man sollte zeitig buchen – vor allem natürlich in den Ferien und am Wochenende, wenn sich auch die britischen Gäste eine Wellness-Auszeit gönnen wollen. Ähnliches gilt für die Cotswolds, nicht zuletzt weil die limitierten Kapazitäten kleinerer Landhotels und Pubs mit Gastbetrieb naturgemäß schnell ausgebucht sind. Bristols Hotellerie konzentriert sich auf Geschäftsreisende, hier gibt es gerade an Wochenenden oft gute Angebote. Auch an der Küste entlang des Bristolkanals ist die Situation etwas entspannter als etwa in den Seebädern Cornwalls oder Devons.

Clovelly 94

€€ | The Red Lion Am schönsten ist Clovelly, wenn die Tagesgäste abgereist sind und das Museumsdorf zur Ruhe kommt. Das Red Lion liegt direkt am Hafen, Komfort und Kulinarik sind solide, die Sonnenuntergänge unvergesslich. ■ 48 The Quay, Clovelly EX39 5TF, Tel. 01237/431237, www.clovelly.co.uk/staying-clovelly

Ilfracombe 94

€ | The Towers Das viktorianische Haus auf einer Anhöhe mag bei grauem Wetter Assoziationen an Hitchcock's »Psycho« wecken, ist aber eine überaus gastliche Pension mit sieben großen, ansprechenden Zimmern. ■ Chambercombe Park Rd., Ilfracombe EX34 9QN, Tel. 01271/862809, www.thetowers.co.uk

€€ | Norbury House Hotel Ein B&B mit Ambitionen zu Höherem: Sechs schicke Gästezimmer in der ehemaligen »Privatresidenz eines Gentlemans«. Mit schöner Terrasse oberhalb der Stadt. ■ Torrs Park, Ilfracombe EX34 8AZ, Tel. 01271/863888, www.norburyhouse.co.uk

Lynton und Lynmouth 96

€ | St. Vincent House Stilvolles kleines Hotel in georgianischer Villa, einst im Besitz eines Kriegskameraden von Lord Nelson; freundliche Gastgeber, tolles Frühstück. ■ Market St., Lynton EX35 6AF, Tel. 01598/752720, www.stvincentlynton.co.uk

€€€ | The Rising Sun Top-Hotel in reetgedeckten Häusern aus dem 14. Jh., direkt am Hafen. Auch das Restaurant hat Klasse. Preiswerte Angebote ab drei Nächten, sonst etwas teurer. ■ Harbourside, Lynmouth EX35 6EG, Tel. 01598/753223, www.risingsunlynmouth.co.uk

Exmoor National Park 97

€ | Hunter's Inn Traditionsreiche ehemalige Postkutschenstation in einem waldreichen Tal, Pub mit eigener Mikrobrauerei. ■ Heddon Valley, Barnstaple EX31 4PY, Tel. 01598/763230, www.thehuntersinnexmoor.co.uk

Minehead 97

€ | **The Beach Hotel** Schön renovierter Altbau in Bestlage zwischen Strand und Nostalgie-Bahnhof. Der Betrieb ist ein Ausbildungsprojekt für arbeitslose Jugendliche – schon deshalb sehr zu empfehlen. ■ The Avenue, Minehead TA24 5AP, Tel. 016 43/70 47 65, www.thebeachhotel.org

Glastonbury 98

€ | **Town House** Preiswert, zentral, freundlich, gut ausgestattete acht Zimmer. ■ Street Rd., Glastonbury BA6 9EG, Tel. 01458/83 10 40, www.glastonburytownhouse.co.uk

€€ | **The George and Pilgrims** Über 500 Jahre alte Pilgerherberge, Zimmer teils doch etwas abgewohnt, dafür stimmungsvoll. ■ High St., Glastonbury BA6 9DP, Tel. 014 58/83 11 46, www.relaxinnz.co.uk

Wells 100

€€ | **The Crown** Historischer Gasthof im Tudorstil, gleich gegenüber der Kathedrale, zentral und urig. ■ Market Place, Wells BA5 2RP, Tel. 017 49/67 34 57, www.crownatwells.co.uk

Bristol 102

€ | **Novotel City Centre** Zentrales Businesshotel, praktische Parkgarage, prima Frühstück und freundlicher Service. Gutes Preis-Leistungs-Verhältnis. ■ Victoria St., Bristol BS1 6HY, Tel. 0117/976 99 88, www.novotel.com

€€ | **Mercure Brigstow** Moderne, wenig attraktive Fassade, aber grundsolide Ausstattung und v. a. Top-Lage am Wasser, alle Sehenswürdigkeiten sind zu Fuß erreichbar. ■ 5–7 Welsh Back, Bristol BS1 4SP, Tel. 0117/929 10 30, www.mercure.com

€€ | **Victoria Square Hotel** Klassischer Altbau im Stadtteil Clifton in ruhiger Umgebung, Zimmer eher nüchtern, dafür mit hohen Decken und mehr Platz als üblich. ■ 29–30 Victoria Square, Bristol BS8 4EW, Tel. 0117/973 90 58, www.victoriasquarehotel.co.uk

Bath 110

€ | **Three Abbey Green** Wunderbares B&B in historischem Haus aus dem 17. Jh., zentral und relativ preiswert für die Lage. ■ 3 Abbey Green, Bath BA1 1NW, Tel. 012 25/42 85 58, www.threeabbeygreen.com, Plan S. 110 südl. c4

€€ | **Dorian House** Schickes kleines Haus, 15 Min. zu Fuß in die Altstadt. Die Zimmer, der Frühstücksraum, der japanische Garten – hier ist alles harmonisch aufeinander abgestimmt. Gratisparkplatz. ■ 1 Upper Oldfield Park, Bath BA2 3JX, Tel. 012 25/42 63 36, www.dorianhouse.co.uk, Plan S. 110 südl. a4

€€€ | **Francis Hotel** In einem georgianischen Häuserensemble, zentral und mit Auto gut erreichbar. Der Langzeit-Parkplatz Charlotte St. ist gleich um Ecke – die Hotelgarage kann man sich sparen. ■ Queen Square, Bath BA1 2HH, Tel. 012 25/42 41 05, https://francishotel.com, Plan S. 110 b3

Cotswolds 116

€ | **Bowers Hill Farm B&B** Vier Zimmer auf einer Farm aus dem 19. Jh., familiär und mitten auf dem Land. Ideal gelegen, um die Cotswolds zu entdecken. ■ Willersey, Evesham (Broadway) WR11 7HG, Tel. 013 86/83 45 85, www.bowershillfarm.com

Die exotischste Zutat?
Deine Neugier.
G|U
VIETNAM
TAJINE
TEX-MEX KÜCHE
So gut schmeckt die Welt.
Koch dich einmal um den Globus mit der erfolgreichsten Kochbuchreihe der Welt und aufregenden Ideen für Köstlichkeiten aus aller Herren Länder. Für dein leckerstes Ich.
Überall, wo es Bücher und E-Books gibt, und auf www.GU.de

ADAC Service Südengland

Beim **ADAC Infoservice**, in den **ADAC Geschäftsstellen** sowie auf dem **Internetportal des ADAC** (adac.de) erhalten Sie Informationen zu den Dienstleistungen des Automobilclubs und zu Ihrem Reiseziel. Als **ADAC Mitglied** können Sie zudem das kostenlose **ADAC Tourset® Cornwall Südwestengland** mit vielen Reiseinfos und Karten anfordern oder die **Tourset App** auf dem **Smartphone** oder **Tablet-PC** installieren (adac.de/toursetapp).
Rufen Sie bei Pannen und Notfällen die **ADAC Pannenhilfe** bzw. den **ADAC Ambulanzdienst** an. Unser Team steht Ihnen rund um die Uhr zur Verfügung.

ADAC Infoservice

T 0800 510 11 12
Infos zu allen ADAC Leistungen
(Mo–Sa 8–20 Uhr, gebührenfrei)

ADAC Ambulanzdienst

T 089 76 76 76
(Erkrankung, Unfall, Verletzung, Transportfragen, Todesfall)

ADAC Pannenhilfe Deutschland

T 089 20 20 4000, Mobil 22 22 22
(Verbindungskosten je nach Netzbetreiber/Provider)

ADAC Pannenhilfe Ausland

T +49 89 22 22 22
(Verbindungskosten je nach Netzbetreiber/Provider)

Internet-Serviceangebote des ADAC für Ihre Reiseplanung

Service	**Webadresse**
Aktuelle Verkehrslage	adac.de/verkehr
ADAC Routenplaner	adac.de/maps
Infos zu Tankstellen und Spritpreisen	adac.de/tanken
Infos zu mautpflichtigen Strecken	adac.de/maut
Infos zu Fährverbindungen	adac.de/faehren
ADAC Tourmail (aktuelle Infos vor Anreise)	adac.de/tourmail
Informationen für Camper	adac.de/camping
Informationen für Motorradfahrer	adac.de/motorrad
Informationen für Segler und Skipper	adac.de/sportschifffahrt
ADAC Reiseangebote	adacreisen.de
ADAC Autovermietung	adac.de/autovermietung
ADAC Versicherungen für den Urlaub	adac.de/versicherungen
Weltweite Preisvorteile für ADAC Mitglieder	adac.de/vorteile-international

Diese **Produkte des ADAC** könnten Sie interessieren: **ADAC Reiseführer London**, **ADAC Reiseführer Schottland** und **ADAC Campingführer Deutschland und Nordeuropa** – erhältlich im Buchhandel, bei den ADAC Geschäftsstellen und in unserem ADAC Online-Shop (adac.de/shop).

Anreise und Einreise

Auto und Eurotunnel

Die schnellste Verbindung zwischen Kontinent und Insel bietet »Le Shuttle«, der **Autoreisezug** zwischen Folkestone und Coquelles (bei Calais). Je nach Tageszeit fährt ca. alle 20 Min. ein Zug. Die reine Fahrzeit beträgt 35 Min., inklusive Verladung muss man mit rund 90 Min. für die gesamte Fahrt rechnen. Pkw, Busse und Motorräder werden in geschlossenen Waggons transportiert, die Passagiere bleiben in den Autos sitzen. Die Hin- und Rückfahrt kostet mit dem Pkw je nach Jahres- und Tageszeit etwa 200–300 €, wobei man sich vorab auf ein bestimmtes zweistündiges Zeitfenster für den Reiseantritt festlegen muss. Zeitlich flexible Tickets kosten gut das Doppelte. Näheres unter Tel. 018 05/ 00 02 48 (Mo–Fr 9.30–18 Uhr), www.eurotunnel.com.

Auto und Autofähre

Von Calais nach Dover dauert die Überfahrt rund 80 Min. Von Dunkerque (Dünkirchen) ist man knapp 2 Std. unterwegs. Täglich und ganzjährig gibt es jeweils bis zu 23 Überfahrten. Der Rückfahrschein für einen Pkw mit zwei Erwachsenen kostet je nach Tageszeit und Saison 170–250 €, wobei man sich für ein vierstündiges Zeitfenster entscheiden muss. Wer sich minutengenau auf eine Fahrt festlegt, spart ca. 20 %, wer völlig flexibel bleiben möchte, zahlt etwa 50 % mehr.

Anbieter sind **DFDS Seaways** (www.dfdsseaways.de) und **P & O Ferries** (www.poferries.com).

Weitere Fährverbindungen gibt es von März bis Oktober zwischen Le Havre, Caen, Cherbourg, St-Malo und Portsmouth, zwischen Cherbourg und Poole sowie zwischen Roscoff und Plymouth mit **Brittany Ferries** (www.brittanyferries.de) und **Condor Ferries**, (www.condorferries.co.uk).

Bahn und Bus

Mit dem ICE aus Deutschland kommend, steigt man in Brüssel oder Paris in den **Eurostar** um, der durch den Kanaltunnel weiter nach London St Pancras fährt. Die Preise variieren je nach Verfügbarkeit und Reisezeit stark. Mit Zugbindung und einiger Vorlaufzeit kann man das »London-Special« der Deutschen Bahn am Schalter oder online (www.bahn.de) ab vielen deutschen Bahnhöfen ab 59,90 € (2. Kl.) für die einfache Fahrt buchen.

Per **Linienbus** gibt es zahlreiche Verbindungen nach Dover und London von vielen deutschen Städten (meist mit Umsteigen in Belgien oder den Niederlanden) schon ab 30 € einfach mit Eurolines (www.eurolines.de) oder Flixbus (www.flixbus.de), wobei meist lange Nachtfahrten in Kauf genommen werden müssen.

Flugzeug

Direkte Flugverbindungen nach **London** Heathrow (LHR), London Stansted (STN) und London Gatwick (LGW) bestehen mit Lufthansa, Eurowings, EasyJet und Ryanair von den meisten deutschen Flughäfen, wobei Gatwick sich dank seiner Lage südlich von London als Ausgangspunkt für Südengland-Rundreisen anbietet.

Angenehme, da überschaubare Alternativen zu den betriebsamen Hauptstadtflughäfen sind die **regionalen Airports** Bristol, Southampton und Exeter, die von KLM via Amsterdam und FlyBe (https://de.flybe.com) bedient werden, mit Umsteigeverbindungen von vielen deutschen Flughäfen, teils sogar direkt. Im Sommer fliegen Eurowings von Düsseldorf und Ryanair von Frankfurt-Hahn direkt nach Newquay. Die Flugpreise variieren je nach Nachfrage, sodass man vor der Buchung tagesaktuelle Angebote im Reisebüro oder online (z.B. www.skyscanner.de) einholen sollte.

Einreise und Dokumente

Das Vereinigte Königreich ist 2020 aus der EU ausgetreten. Teil des Schengenraums war das Land ohnehin nie, sodass sich die Einreisebestimmungen nicht wesentlich geändert haben: Deutsche und Österreicher benötigen einen Personalausweis oder Reisepass bzw. Kinderreisepass. Schweizer reisen entweder mit dem Reisepass oder der Identitätskarte zusammen mit der Visitor Card ein, die bei Grenzübertritt auszufüllen ist. Für allein reisende Minderjährige bzw. für Minderjährige in Begleitung nicht sorgeberechtigter Erwachsener ist eine schriftliche Einverständniserklärung der Eltern erforderlich. Dies gilt auch für Minderjährige, die mit einem Sorgeberechtigten anderen Nachnamens unterwegs sind.

Auto und Straßenverkehr

Führerschein und Papiere

Autofahrer benötigen ihren nationalen Führerschein und den Fahrzeugschein. Die Grüne Versicherungskarte ist zwar nicht mehr obligatorisch, aber bei Unfällen immer noch hilfreich.

Straßennetz und Sicherheit

Im Allgemeinen sind die Straßen in Südengland gut ausgebaut und in einwandfreiem Zustand. Allerdings sind viele Nebenstraßen auf dem Land, z.B. auch in den Nationalparks Dartmoor und Exmoor, extrem schmal und haben aufgrund der Begrenzungen durch hohe Hecken und Steinmauern oft kaum einsehbare Kurven. Hier sind eine defensive Fahrweise, Geduld und Rücksicht auf andere Verkehrsteilnehmer angebracht – Eigenschaften, die britische Autofahrer ohnehin verinnerlicht haben.

Verkehrsvorschriften

In England herrscht **Linksverkehr**. Wer mit dem Auto vom Kontinent anreist, muss sicherstellen, dass die Scheinwerfer für den Linksverkehr eingestellt sind. Informationen dazu erteilt der Hersteller; ggf. sind Scheinwerferabkleber im ADAC-Shop erhältlich. Die **Promillegrenze** beträgt 0,8. Für Motorradfahrer besteht Helmpflicht. Das Rauchen im Auto ist verboten, wenn Personen unter 18 Jahren mitfahren. **Kinder** zwischen 3 und 12 Jahren (bzw. die kleiner als 1,35 m) sind, dürfen auf Vorder- und Rücksitzen nur in geeigneten Kindersitzen befördert werden.

Tempolimits in England

Straße	Tempolimit
Schnellstraße und Autobahn	70 mph (112 km/h)
Landstraßen	60 mph (96 km/h)
Ortschaft	30 mph (48 km/h)

Tanken

Das Tankstellennetz in England ist sehr dicht – angeboten werden bleifreie Kraftstoffe (Premium Unleaded mit 95 Oktan sowie Super Unleaded mit 98 Oktan) und Diesel. Die Preise sind etwas höher als in Deutschland; Dieselkraftstoff ist in England nicht billiger als Benzin. Aus Sicherheitsgründen ist es untersagt, auf Fähren und im Eurotunnel Reservesprit im Kanister mitzuführen!

Parken

Gelbe Markierungen am Fahrbahnrand bedeuten Parkverbot, rote Linien und weiße Doppellinien stehen für Halteverbot. Die **Bußgelder** sind empfindlich hoch und können auch noch später zu Hause eingefordert werden. Je nach Art des Verstoßes sind bis zu 50% Nachlass möglich, falls innerhalb bestimmter Fristen bezahlt wird.

In Innenstädten und an Sehenswürdigkeiten ist die Parkplatzsituation angespannt. Es empfiehlt sich, auf Parkhäuser und Großparkplätze (z.B. an Supermärkten) auszuweichen. Bezahlt wird in der Regel stundenweise an **Automaten**, häufig werden auch Kreditkarten akzeptiert. Eine Besonderheit: Oft muss man das Kfz-Kennzeichen eintippen; dieses wird auf dem Parkschein aufgedruckt – die Weitergabe ist somit ausgeschlossen. Mit 2£ pro Std. ist zu rechnen; für 24 Std. sind 12–15£ realistisch. Ausgewiesene **Langzeitparkplätze** (Long Stay Parking) sind billiger als Kurzzeitparkplätze, und Hotelgaragen sind nicht immer die günstigsten Varianten. Es lohnt sich, schon bei Buchung einer Unterkunft darauf zu achten, ob der Parkplatz im Zimmerpreis enthalten ist. Eine hilfreiche Online-Informationsquelle zur jeweiligen Parkplatzsituation vor Ort ist www.yourparkingspace.co.uk.

Maut

Autobahnen und Schnellstraßen in Südengland sind kostenlos befahrbar. Nur für wenige Brücken, etwa die Clifton Suspension Bridge in Bristol, wird eine kleine Gebühr fällig.

Unfall

Nach einem Unfall sollten Sie sofort anhalten, die Unfallstelle absichern und Erste Hilfe leisten. Gibt es Verletzte, müssen Sie zwingend die Polizei verständigen (Notruf: 112). Die **Notrufzentrale des ADAC** erreichen Sie bei Fahrzeugpannen und -unfällen unter Tel. +49/89 22 22 22. Unbedingt Autokennzeichen, Name und Anschrift von Fahrern und Haltern der beteiligten Fahrzeuge sowie deren Haftpflichtversicherung und Versicherungsnummer notieren. Außerdem die Namen von (möglichst neutralen) Unfallzeugen festhalten und die Unfallstelle fotografieren. Unterzeichnen Sie keine fremdsprachigen Schriftstücke, deren Inhalt Ihnen nicht verständlich ist. Lassen Sie sich bei Problemen vom ADAC beraten (Tel. 0800/510 11 12). **Schadensersatzansprüche** können Sie entweder bei der gegnerischen Versicherung in Großbritannien oder über einen Regulierungsbeauftragten der britischen Haftpflichtversicherung in Deutschland geltend machen, der Ihnen über den Zentralruf der Autoversicherer vermittelt wird.

Zentralruf der Autoversicherer Auskunftsstelle / GDV

■ Glockengießerwall 1, 20095 Hamburg, Tel. 0800/250 26 00, +49/40 300 33 03 00, www.gdv-dl.de

Vorfahrt und Verkehrsschilder

Die **Vorfahrtsregeln** sind durch entsprechende Beschilderung (»STOP« oder »GIVE WAY«) und durch Markierungen auf dem Asphalt geregelt. Doppelte weiße Querlinien stehen für

Festivals und Events

Mai

Brighton Festival (www.brighton festival.org) – Kulturprogramm mit Musik, Theater und Ausstellungen.

Bath International MusicFest (Ende Mai, www.bathmusicfest.org.uk) – Oper, klassische Musik, Jazz.

Salisbury International Arts Festival (www.salisburyfestival.co.uk) – Theater, Lesungen, Ausstellungen und Konzerte.

Juni

Cotswold Olimpicks (erstes Juniwochenende, www.olimpickgames.co.uk) – Sport bei ausgelassener Partystimmung in Chipping Campden.

Broadstairs Dickens Festival (www.broadstairsdickensfestival.co.uk) – Eine Woche, die ganz im Zeichen des großen Schriftstellers Charles Dickens steht, u. a. Kostümparade, Lesungen, Ausstellungen.

Glastonbury Festival of Contemporary Performing Arts (letztes Juniwochenende, www.glastonbury festivals.co.uk) – Das größte europäische Rock- und Popfestival.

Juli

Larmer Tree Festival (www.larmer treefestival.co.uk) – Langes Wochenende in der Grafschaft Wiltshire mit neuer Musik, Poetry Slams, Diskussionen und Workshops.

August

Cowes Week (Mitte Aug., www.lendycowesweek.co.uk) – Ein Fixpunkt für Sportsegler und Jachtkapitäne um die Isle of Wight.

Arundel Festival (vorletzte Augustwoche, www.arundelfestival.co.uk) – Acht Tage Musik, Sport, Spaß und karnevalsartige Stimmung.

Bristol International Balloon Fiesta (zweites Aug.-Wochenende, www.bristolballoonfiesta.co.uk) – Heißluftballontreffen.

Airbourne (www.eastbourneair show.com) – Ein Muss für Flugzeugfans in Eastbourne.

September

Bestival (erstes Wochenende, www.bestival.net) – Indie-Bands und bewährte Größen aus Rock und Pop spielen auf dem Lulworth Estate nahe der Jurassic Coast.

Oktober

Battle of Hastings (Mitte Okt., www.english-heritage.org.uk) – Tausende von Komparsen in voller Montur stellen die historische Schlacht zwischen Normannen und Sachsen nach.

Battle of Hastings – nachgespielt

Canterbury Festival (www.canter buryfestival.co.uk) – Anspruchsvolles Tanz- und Theaterfestival.

Stopp, eine doppelte unterbrochene Linie verlangt vorsichtiges Heranfahren. Gibt es keine eindeutige Beschilderung oder Markierung, hat niemand Vorfahrt – hier muss man sich mit anderen Verkehrsteilnehmern über die Reihenfolge des Weiterfahrens verständigen. Kreuzungen mit **Kreisverkehr** sind sehr häufig. Ohne Ampeln hat hier immer der von rechts Kommende Vorfahrt. Gibt es mehrere Spuren, so sind die linken für Linksabbieger in der nächsten Ausfahrt gedacht. In der Mitte bleibt, wer eine mittlere Ausfahrt anpeilt, ganz rechts fädelt man ein, wenn man eine spätere Ausfahrt ansteuert. Vor der Ausfahrt muss man links blinken.

Barrierefreies Reisen

England stellt sich immer besser auf Reisende mit Mobilitätseinschränkungen ein. Die meisten Bahnhöfe, Museen und Strandbäder sind mit Rampen, Aufzügen und barrierefreien Toiletten ausgestattet. Vorbildlich ist das **National Accessible Scheme (NAS)**, das Hotels und andere Unterkünfte hinsichtlich ihrer Eignung für Menschen mit Einschränkungen beurteilt und hervorhebt. Viele praxisorientierte Online-Tipps zum Thema bieten die Seiten www.openbritain.net und www.tourismforall.org.uk.

Wanderwege für Rollstuhlfahrer findet man unter www.walkswithwheelchairs.com. Ein spezialisierter Reiseveranstalter deutscher Sprache mit Sitz in Großbritannien ist **England für alle** (www.england-fuer-alle.com). In seinem Programm finden sich z. B. Gartenreisen und individuelle Rundreisen im Mietwagen mit entsprechender Sonderausstattung.

Diplomatische Vertretungen

Die Auslandsvertretungen Ihres Heimatlandes sind behilflich, wenn Sie Reisedokumente verloren haben, oder vermitteln, falls es zu Problemen mit britischen Behörden kommen sollte.

Deutsche Botschaft

■ 23 Belgrave Square, London SW1X 8PZ, Tel. 020/24 13 00, www.london.diplo.de

Honorarkonsulate gibt es in Dover, Southampton, Plymouth und Bristol.

Österreichische Botschaft

■ 18 Belgrave Mews West, London SW1X 8HU, Tel. 020/73 44 32 59, www.aussenministerium.at/london

Schweizerische Botschaft

■ 16–18 Montagu Place, London W1H 2BQ, Tel. 020/76 16 60 00, www.eda.admin.ch/london

Feiertage

1. Januar (New Year's Day), Karfreitag (Good Friday), Ostermontag (Easter Monday), erster Montag im Mai (May Day), letzter Montag im Mai und im August (sogenannte Bank Holidays), 25. und 26. Dezember (Christmas).
Feiertage, die auf ein Wochenende fallen, werden am darauffolgenden Werktag nachgeholt.

Geld und Währung

Wechselkurse (Stand: 2/2020)

1 €	0,83 £
1 CHF	0,78 £
1 £	1,20 €
1 £	1,27 CHF

Landeswährung ist das britische Pfund Sterling (£). Ein Pfund ist unterteilt in 100 Pence (p). Scheine zu 5, 10, 20 und 50 £ sind im Umlauf. Schottland und Nordirland geben eigene Pfundnoten heraus, die aber auch in England und Wales gültige Zahlungsmittel sind. Münzen gibt es zu 1, 2, 5, 10, 20, 50 p sowie zu 1 und 2 £.

Die Akzeptanz von **Kreditkarten** auch für kleine Beträge ist weiter verbreitet als in Deutschland. Vorsicht bei der Bargeldabhebung an Flughäfen und Bahnhöfen: Hier ist der Wechselkurs meist deutlich schlechter als an Bankfilialen anderswo.

Kosten im Urlaub

(durchschnittliches Preisniveau)

Becher Tee/Kaffee	2 £ (2,30 €)
Softdrink	3 £ (3,40 €)
1 Pint (0,57 l) Bier	5 £ (5,70 €)
Glas Wein	5 £ (5,70 €)
Museum	12 £ (13,60 €)
Mietwagen pro Tag	40 £ (45 €)

Südengland ist kein billiges Reiseland. Mit der Abwertung des Pfunds gegenüber dem Euro nach dem Brexit-Referendum ist jedoch vieles preiswerter geworden; das **Preisniveau** für Unterkünfte und Restaurants liegt dadurch nur noch wenig über dem in Deutschland üblichen, was sich aber schnell wieder ändern kann. Teils empfindlich teuer sind Eintrittspreise zu bekannteren Sehenswürdigkeiten. Bucht man Tickets vorab online, gibt es z.T. 10–20 % Rabatt. National Trust und English Heritage bieten Touristen spezielle **Ferienpässe**, die sich schnell lohnen (s. Vergünstigungen, S. 134).

Gesundheit

Die medizinische Versorgung in England entspricht i.A. mitteleuropäischem Niveau. Bürger der EU und der Schweiz erhalten in Einrichtungen des öffentlichen Systems (NHS, National Health Service) gegen Vorlage ihrer EHIC (European Health Insurance Card), also der Rückseite ihrer gesetzlichen Versicherungskarte, eine kostenlose Notfallbehandlung. Privat Versicherte müssen in Vorleistung treten, sofern ihre Versicherung zu Hause keine Direktabrechnung mit dem Ausland anbietet. In größeren Städten gibt es zusätzlich rein private Kliniken, die meist sehr teuer sind und Vorkasse verlangen. Die Kosten einer Privatbehandlung und den medizinischen Rücktransport ins Heimatland übernimmt die gesetzliche Versicherung nicht, weshalb der Abschluss einer Reisekrankenversicherung unbedingt zu empfehlen ist.

Haustiere

Großbritannien ist ein besonders hundefreundliches Land. So fahren die Vierbeiner in Zügen und Bussen i.d.R. kostenlos mit. Bei Einreise vorgeschrieben ist (auch für Katzen) ein gültiger, vom Tierarzt ausgestellter EU-Heimtierausweis, ebenso die Kennzeichnung durch Mikrochip und eine Tollwutimpfung (mit mindestens 21 Tagen Abstand). Pflicht ist auch der Nachweis einer Bandwurmimpfung des Hundes 1–5 Tage vor Grenzübertritt. Folgende Hunderassen dürfen nicht einreisen: Pitbull-Terrier, Tosa, Dogo Argentino und Filo Brasileiro.

Halter anderer Tierarten sollten sich vor Reiseantritt informieren.

Information

In Deutschland gibt es keine britische Fremdenverkehrszentrale mehr. Der offizielle britische Tourismusverband **Visit Britain** (www.visitbritain.de) bietet im Internet vielfältige Informationen, Anregungen und Adressen zur Reisevorbereitung in deutscher Sprache. Weitere Infos zu Südengland in englischer Sprache findet man auf www.visitsoutheastengland.com und www.visitsouthwest.co.uk.

In allen größeren Städten und Urlaubsgebieten gibt es **örtliche Touristeninformationen**. Die Adressen der wichtigsten Büros finden Sie jeweils zu Beginn der Orts- und Städtebeschreibung in diesem Reiseführer.

Klima und beste Reisezeit

Südengland hat mäßig warme Sommer und milde Winter. Im Sommer klettern die **Temperaturen** nur selten über 30 °C, der kälteste Monat ist der Februar. Meist weht der Wind aus Westen – an der Küste oft auch sehr lebhaft. Schnelle Wetterumschwünge sind häufig. Die Wassertemperaturen betragen im Sommer 17–20 °C. Die Sommermonate sind die beliebteste **Reisezeit** – auch bei den Briten. Die Sommerferien beginnen am letzten Samstag im Juni und enden in der letzten Augustwoche. Entsprechend gut gebucht und hochpreisig sind in dieser Zeit Unterkünfte in den Seebädern. Auch die langen Wochenenden rund um die Feiertage (s. S. 127) zählen zur touristischen Hochsaison. Ausgezeichnete Reisezeiten sind die ersten Juniwochen sowie September bis Mitte Oktober, denn die vielen Landschaftsparks zeigen sich dann von ihrer schönsten Seite, das

Klimatabelle Südengland

Monat	Luft (°C) min/max	Sonne (h/Tag)	Regentage
Jan.	6/14	2	11
Feb.	6/14	2	9
März	7/16	4	8
April	11/19	6	8
Mai	13/22	7	8
Juni	17/25	7	8
Juli	19/28	7	9
Aug.	18/28	6	9
Sept.	18/26	5	9
Okt.	14/22	3	9
Nov.	10/18	2	10
Dez.	7/15	1	9

Wetter ist tendenziell stabil und es sind weniger Urlauber unterwegs als im Hochsommer.

Maßeinheiten

Zwar hat Großbritannien offiziell das metrische System eingeführt, aber die traditionellen Maßeinheiten sind durchaus noch in Gebrauch.

Umrechnung britischer Maße

(gerundet)

1 inch/1 foot	2,5 cm/30,5 cm
1 yard/1 mile	91,4 cm/1,6 km
1 pint/1 gallon	0,57 l/4,5 l
1 pound (lb)/1 stone	454 g/6,4 kg

Nachtleben

Südengland ist in weiten Teilen ländlich geprägt, sodass sich das Nachtleben in der Provinz auf den Pub-Besuch nach dem Abendessen beschränkt. Deutlich mehr los ist natürlich in den Städten Bristol, Bath und vor allem in Brighton. Im Sommer bieten auch die anderen Seebäder viel Unterhaltung am Abend, während es dort außerhalb der Saison sehr still werden kann. Adressen zum Nachtleben und Ausgehmöglichkeiten finden Sie in diesem Reiseführer bei den einzelnen Ortsbeschreibungen.

Notfall

Hilfe im Notfall erhalten Sie unter der europaweit einheitlichen **Notrufnummer** 112. Weiterhin gültig bleibt aber auch die Nummer 999, die mit derselben Notrufzentrale verbindet. Die Mitarbeiter melden sich standardmäßig mit »Emergency, which service?«. Die Antwort lautet entweder »Ambulance« (Krankenwagen), »Police« (Polizei) oder »Fire« (Feuerwehr). ADAC-Mitglieder können sich in Notfällen rund um die Uhr an den **Auslandsnotruf des ADAC** unter Tel. +49/89/22 22 22 wenden. Bei Bedarf werden auch Dolmetscher vermittelt.

Öffnungszeiten

England hat keine gesetzlichen Ladenöffnungszeiten. Die meisten Geschäfte haben an Werktagen von 9 bis 17.30 Uhr geöffnet, große Supermärkte teilweise bis 20 oder 22 Uhr, einige Filialen der Kette Tesco sogar die ganze Nacht über.

Post

Die englischen Postämter sind Mo–Fr von 9–17 Uhr und samstags bis 12.30 Uhr geöffnet. Viele Filialen sind inzwischen Tankstellen und Supermärkten angeschlossen, haben dort aber separate Schalter. Das Porto für Postkarten und Briefe (bis 20 g) innerhalb Europas beträgt 1,35 £. Informationen zu Filialen und Porto online unter www.postoffice.co.uk.

Rauchen und Alkohol

Rauchen in öffentlichen Räumen, Bars, Pubs und Restaurants ist in Großbritannien seit 2007 verboten. Das Rauchen von E-Zigaretten (engl. »vaping«) in Gasträumen ist zwar nicht offiziell untersagt, bedarf jedoch der Genehmigung des Wirtes.

Restaurants und Läden müssen in England eine Lizenz zum **Alkoholverkauf** beantragen – nicht alle Unternehmen haben eine solche, so gibt es z. B. in vielen Fish-and-Chips-Buden kein Bier. Generell ist der Verkauf an Minderjährige verboten, im Zweifel müssen Verkäufer vom Kunden die Vorlage eines Ausweises verlangen. Über 16-Jährige dürfen im Restaurant zum Essen Wein oder Bier trinken, sofern ein Erwachsener dabei ist. In einigen Städten dürfen Geschäfte zwischen Mitternacht und Mittag keinen Alkohol verkaufen.

Sicherheit

Südengland ist generell ein sehr sicheres Reiseland. Normale Vorsicht ist immer dort geboten, wo viele Menschen unterwegs sind: Bahnhöfe, volle Pubs und Bars sowie Festivals ziehen Taschendiebe an. Im parkenden Auto sollten keine Wertsachen zurückbleiben, und Reisegepäck sollte möglichst nicht von außen sichtbar im Kofferraum gelagert werden. Nach den jüngsten Terroranschlägen in London und Manchester bitten die britischen Behörden um erhöhte Aufmerksamkeit, was herrenlose Gepäckstücke auf Flughäfen und in öffentlichen Verkehrsmitteln angeht. Diebstähle jeder Art sollten Sie bei der örtlichen Polizeiwache anzeigen. Wählen Sie in Notfällen die gebührenfreie europäische Notrufnummer 112. Umfassende Informationen zur Sicherheit in Großbritannien gibt es auf der Internetseite des Auswärtigen Amts (www.auswaertiges-amt.de).

Sport

Golf

Großbritannien gilt als Mutterland des Golfsports. Auf mehr als 1500 Golfplätzen können auch Urlauber an ihrem Handicap arbeiten, ohne Mitglied in einem Club zu sein. Für rund 15 £ pro Runde kann man auf einem öffentlichen Green spielen, private Golfplätze sind meist deutlich teurer. Besonders schöne Plätze in Südengland sind der **Royal St George's Golf Club** in Sandwich (www.royalstgeorges.com), der **Yelverton Golf Club** in Dartmoor (www.yelvertongolf.co.uk) sowie der **Minehead and West Somerset Golf Club** (www.mineheadgolf.co.uk).

Reiten

Pferde- und Ponyzucht, Galopprennen, Fuchsjagd – England ist ein Pferdeland. Ein Ausflug hoch zu Ross bietet sich also an. Besonders geeignet ist der **New Forest National Park**, wo diverse Veranstalter geführte Ausritte für Anfänger und Könner (2 Std. ab 45 £) organisieren. Infos unter www.4seasonsforestrides.co.uk oder www.brockenhurstridingstables.co.uk. Weiterführende Tipps gibt der britische Reitsportverband auf seiner Website www.bhs.org.uk.

Segeln und Surfen

Entlang der Kanalküste gibt es zahlreiche perfekte Ankerplätze für **Segeljachten**, etwa in Falmouth, auf der Isle

Der Strand von Newquay ist ideal zum Wellenreiten

of Wight oder in Dartmouth. Boote können »bareboat« (also ohne Besatzung) oder auch mit Skipper gechartert werden. Weiterführende Infos erteilt die Royal Yachting Association (www.rya.org.uk), ein Ansprechpartner in Deutschland ist der Arbeitskreis Charterboot (www.charterboot.net).

Für **Windsurfer und Wellenreiter** ist die Küste Cornwalls ein schönes Revier; vor allem Newquay zieht Surfer magisch an. Die beste Zeit sind September und Oktober. Neoprenanzüge und Bretter verleihen lokale Anbieter, dazu gibt es Ferienkurse für Anfänger und Fortgeschrittene, z. B. über www.extremeacademy.co.uk oder www.escapesurfschool.co.uk.

Wandern

Zehn Jahre Ferien bräuchte man vermutlich, um alle Wanderwege Südenglands zu begehen. Am schönsten ist wohl der 1014 km lange Küstenpfad **South West Coast Path** von Minehead nach Poole (s. S. 99). Stets bestens ausgeschildert, lässt der Fernwanderweg keine Klippe und keine Bucht zwischen Dorset und Somerset aus. Karten, Beschreibungen und Tipps zu den jeweiligen Etappen gibt es unter www.southwestcoastpath.org.uk.

Quer durch den South Downs National Park von Eastbourne nach Winchester führt der **South Downs Way**. Infos zum Gesamtnetz der Fernwanderwege (»national trails«) findet man online unter www.nationaltrail.co.uk.

Strom und Steckdose

Die Netzspannung beträgt in England 230 V. Englische Steckdosen sind dreipolig, daher benötigt man für kontinentale Stecker einen Adapter, der im Fachhandel erhältlich ist. Übrigens müssen britische Steckdosen meist erst über einen kleinen Kippschalter mit rotem Punkt eingeschaltet werden, bevor sie Strom führen.

Telefon und Internet

Telefon

Noch immer gibt es die berühmten roten Telefonzellen, die mit Münz- und Kartenapparaten ausgestattet sind. Die Mindestgebühr für ein Gespräch beträgt 60 p. Telefonkarten kann man im Postamt und im Schreibwarenhandel erwerben. Nach dem Brexit gehört das Vereinigte Königreich nicht mehr zur roamingfreien EU-Zone (wie es hier weitergeht, war bei Redaktionsschluss noch unklar, Anm. d. Red.) So könnte die nostalgische Zelle durchaus wieder interessant werden. Die Netzabdeckung in Südengland ist nahezu perfekt; nur in ländlichen Gebieten wie Dartmoor oder Exmoor bestehen noch »Funklöcher«.

Internationale Vorwahlen

- Großbritannien 00 44
- Deutschland 00 49
- Österreich 00 43
- Schweiz 00 41

Internet

Im Allgemeinen ist die WLAN-Abdeckung in Großbritannien besser als in Deutschland. Für viele Hoteliers und Gastronomen gehört es zum guten Ton, kostenlosen Internetzugang anzubieten. In den meisten Bars und Pubs kann man das Passwort beim Kellner erfragen, und beim Check-in im Hotel oder B&B erhält man die Zugangsdaten in der Regel automatisch. Bei den meist ungesicherten Netzwerken sollten vertrauliche Daten nicht verwendet werden.

Trinkgeld

In den meisten Restaurantrechnungen ist ein Bedienungsgeld (»service charge«) bereits inkludiert. Darüber hinaus ist es üblich, etwa 10 % des Rechnungsbetrags zu geben. In Hotels hinterlässt man bei Abreise normalerweise 1–2 £ pro Tag für das Zimmermädchen. Im Pub zahlt man hingegen nur den exakten Betrag am Tresen, hier wird kein Trinkgeld erwartet.

Umgangsformen

Als Faustregel gilt: Zu höflich kann man gar nicht sein. Kein noch so kleines Anliegen wird in England ohne »please« und »thank you very much« vorgetragen, und als Besucher tut man gut daran, sich ebenso zu verhalten. »Sorry« und »excuse me« gehören ebenfalls zu den meistbenutzten Vokabeln im zwischenmenschlichen Bereich. Vordrängeln, Ungeduld zeigen, auf seinem Recht bestehen – solche Verhaltensmuster werden in England sehr kritisch beäugt und als Ausdruck schlechter Erziehung abgelehnt. Wichtig: Auch in einfachen **Restaurants** setzt man sich nicht einfach an einen beliebigen freien Tisch, stets wartet man, bis der Ober einen Tisch vorschlägt bzw. zuweist.

Während man in einem familiären **B&B** wohnt, sollte man nicht vergessen, dass man zahlender Gast in privatem Umfeld ist: Ein bisschen freundlicher Small Talk gehört immer dazu, und die Hausregeln gibt der Gastgeber vor, etwa den Zeitrahmen fürs Frühstück oder die späteste Check-out-Zeit. Besondere Wünsche sollte man idealerweise schon bei der Buchung angeben.

Unterkunft und Hotels

Camping

Urlauben im Zelt oder im Wohnwagen ist in Großbritannien ausgesprochen populär, und so stehen auch in Südengland zahlreiche Campingplätze zur Verfügung. Für eine Nacht rechnet man pro Person mit 15–25 £. Eine gute Website zur Campingplatzsuche ist z. B. www.campsites.co.uk. Eine nette Alternative kann es sein, im Garten von Privathäusern zu zelten (https://en.campspace.com).

Ferienwohnungen und -häuser

Die eigenen vier Wände auf Zeit zu vermieten, liegt auch in England im Trend. Vermittler und Direktanbieter gibt es wie Sand am Meer; am besten sucht man auf den Seiten der jeweiligen Verkehrsämter (s. Reiseteil dieses Buches) oder auch auf www.fewo-direkt.de oder www.cottages.com. Je nach Größe und Ausstattung rechnet man für eine Wohnung oder ein Haus mit 300–1500 £ pro Woche. Außergewöhnliche Unterkünfte z. B. in historischen Gebäuden, Leuchttürmen oder Schutzhütten vermittelt der National Trust unter www.nationaltrust.org.uk/holidays.

Bed and Breakfast

Unter diesen Begriff fallen längst nicht mehr nur simple Privatunterkünfte mit Familienanschluss. Die Bandbreite reicht vielmehr vom ehemaligen Kinderzimmer mit Klo auf dem Gang bis zur schicken und professionell geführten Frühstückspension mit Hotelcharakter. Entsprechend unterschiedlich fallen die Preise aus, von 25–70 £ p. P. ist alles möglich. Die meisten Zimmer haben ein eigenes Bad (»en suite«), und das immer sehr reichliche »full English breakfast« ist im Preis inbegriffen. Ein Verzeichnis von Gastgebern bietet www.bedandbreakfast nationwide.com; besonders schöne Unterkünfte auf Bauernhöfen auf dem Land findet man unter www.farm stay.co.uk.

Hotels

Vom simplen Gasthof über dem Dorf-Pub (»guest house«) bis zur Luxusherberge im historischen Herrenhaus – Südengland bietet Hotelunterkünfte jeder Kategorie und Preislage.

Man unterscheidet zwischen »double room« (mit Doppelbett), »twin« (mit zwei getrennten Betten), »single« (Einzelbett) und »family room« (mehrere Betten). Die Preise für ein Doppelzimmer beginnen bei 60–80 £, man kann aber auch 300 £ und mehr für eine Nacht ausgeben. Frühstück wird häufig separat berechnet, ebenso die 20 % Mehrwertsteuer (VAT). Erheblich günstiger als die Normalpreise sind in vielen Hotels die nicht umbuchbaren (»non-refundable«) Tarife bei kompletter Vorauszahlung. Im Falle einer Absage bekommt man dann allerdings auch nichts zurück. Übrigens kann es sich durchaus lohnen, statt über die üblichen Portale zu buchen, die Hotels direkt zu kontaktieren.

Jugendherbergen

Der britische Jugendherbergsverband (www.yha.org.uk) verfügt in Südengland über ein dichtes Netz an Häusern in teils sehr attraktiven Lagen und Gebäuden. Ein besonders schönes Beispiel ist die Herberge in Bath, untergebracht in einem historischen Palais mit Garten. Man übernachtet entweder »klassisch« im Schlafsaal (ab ca. 12 £ p. P.) oder auch im Privatzimmer (bis 60 £ p. P.). Es gibt keine Altersgrenze, allerdings ist der internationale Jugendherbergsausweis Pflicht.

Vergünstigungen

Angesichts der hohen Eintrittspreise und Parkgebühren an den Topsehenswürdigkeiten lohnt sich die kurzzeitige oder auch permanente Mitgliedschaft bei den Institutionen **National Trust** (u. a. Sissinghurst Gardens, St Michael's Mount, Lacock Abbey) und **English Heritage** (z. B. Stonehenge, Dover und Tintagel Castle). Der »Touring pass« des National Trust z. B. kostet für zwei Personen und 14 Tage 80,50 €; English Heritage bietet den Zwei-Personen-Pass für 81,50 € und 16 Tage an – beide sind online erhältlich unter www.visit britainshop.com.

Viele Tickets für Sehenswürdigkeiten kann man **online mit Rabatt** kaufen. Es lohnt sich daher immer, vorab die Websites auf aktuelle Angebote hin zu prüfen!

Verkehrsmittel im Land

Bahn und Bus

Das **Schienennetz** in Südengland ist gut ausgebaut, alle größeren Ortschaften sind gut erreichbar. Allerdings ist zu bedenken, dass viele Sehenswürdigkeiten auf dem Land liegen. Die privatisierten Bahnunternehmen bieten zahlreiche verschiedene **Tarife** mit klingenden Namen (»Super Saver«, »Off-Peak Day Return« u. Ä.). Generell gilt: Je früher man sich auf einen bestimmten Zug festlegt, umso günstiger ist der Fahrschein. So kostet die einfache Fahrt von London nach Penzance zwischen 31,50 £ (2. Klasse, Vorverkauf mit Zugbindung) und 184,50 £ (1. Klasse, flexibel).

Nur im Online-Shop von Visit Britain (www.visitbritainshop.com) sind verschiedene Ausprägungen einer **Besuchernetzkarte** (Britrail-Pass) erhältlich. Diese kostet für acht Reisetage in ganz England innerhalb eines Monats 241,50 € (Kinder bis 15 J. 122 €; Jugendliche bis 25 J. 153,50 €). Fahrplanauskunft und Tickets online: www.nationalrail.co.uk.

Mit dem **Brit Rail SouthWest Pass** (Erw. 213,50 €, Kind 108 €, Jugendliche 139,50 € jeweils für 8 Reisetage gültig) kann man sämtliche Bahnstrecken zwischen London, Bath und Cornwall erreichen.

Noch dichter als das Schienennetz ist das Netz der **Linienbusse** (»coaches«) des Unternehmens National Express (www.nationalexpress.com). Für die einfache Fahrt von London nach Penzance gibt es Tarife von 13,50 £ (nur online, nicht erstattbar) bis 42 £ (voll flexibel).

Fahrrad

Fahrradfahren wird in England immer populärer. Praktisch in jedem Ferienort kann man Leihfahrräder für ca. 10 £/Tag bekommen. Am besten erkundigt man sich vor Ort in der Touristeninfo nach lokalen Anbietern. Eine schöne Sightseeing-Alternative in der Stadt können geführte Radtouren sein, z. B. in Bristol (www.cyclethecity.org).

Mietwagen

In Südengland sind alle internationalen Mietwagenfirmen präsent. Auch in mittelgroßen Städten, an sämtlichen Flughäfen und in vielen Ferienzentren lassen sich Pkw ab ca. 40 £/Tag anmieten. Da es im Schadensfall meist recht hohe Selbstbehalte (auch für Reifen und Glas!) gibt, sollte man schon zu Hause eine Zusatzversicherung zu deren Abdeckung abschließen. Zu beachten ist auch, dass für einen zweiten Fahrer meist eine zusätzliche Gebühr pro Tag anfällt. Für Mitglieder bietet die **ADAC Autovermietung** günstige Konditionen an. Buchen kann man im Internet (adac.de/autovermietung) und in allen ADAC Geschäftsstellen oder unter Tel. 089/76 76 20 99.

Taxi

Die Preise sind in etwa auf deutschem Niveau. Längere Fahrten möglichst vorab buchen und Preise vergleichen; lokale Anbieter sind online zu finden. Flughafenfahrten reserviert man z. B. unter www.airporttaxis-uk.co.uk.

Zeitverschiebung

In England gilt die **Greenwich Mean Time** (GMT), die eine Stunde hinter der Mitteleuropäischen Zeit (MEZ) liegt – dies gilt auch für die Sommerzeit.

Zollbestimmungen

Nach dem Austritt Großbritanniens aus der EU ist noch unklar, welche Beschränkungen nun für die Ein- und Ausführung von Tabak, Alkohol und andere Waren gelten werden. Näheres unter www.zoll.de und www.bmf.gv.at/zoll. Schweizer Staatsbürger können 1 l Spirituosen oder 2 l Wein, 200 Zigaretten oder 50 Zigarren sowie 50 ml Parfüm oder 0,25 l Eau de Toilette zollfrei ein- und ausführen. Näheres unter www.ezv.admin.ch.

Die Geschichte Englands

ca. 3100 v. Chr. Erste Bauphase von Stonehenge.

43–61 n. Chr. Römer unter Julius Cäsar erobern Britannien.

5. Jh. Angelsachsen aus dem heutigen Norddeutschland besiedeln die Insel.

927 Alfred der Große eint das Reich und begründet die englische Sprache.

1066 Wilhelm der Eroberer und seine Normannen besiegen König Harolds Angelsachsen.

1215 König John unterzeichnet die Magna Carta, die erste Verfassung Englands.

1337–1453 Hundertjähriger Krieg gegen Frankreich.

1348 Fast ein Drittel der Bevölkerung stirbt an der Pest.

1509–47 Regentschaft Henrys VIII.; da der Papst die Ehescheidung nicht anerkennt, gründet der Tudor-König die Anglikanische Staatskirche.

16.–18. Jh. Aufstieg Bristols zum wichtigsten Hafen im atlantischen Sklavenhandel.

1644–49 Englischer Bürgerkrieg zwischen der Königlichen Armee und Oliver Cromwells Truppen.

1707 Union Act: England und Schottland werden zum Königreich Großbritannien vereint.

1714 Der Kurfürst von Hannover wird König George I., England steigt zur führenden Kolonialmacht auf.

1799–1815 Napoleonische Kriege.

1837–1901 Unter Königin Victoria erreicht das Empire seine größte Ausdehnung.

1914–18 Seeblockade durch deutsche U-Boote, erste Luftangriffe auf englische Städte.

1939–45 Im Zweiten Weltkrieg fliegt die deutsche Luftwaffe schwere Bombenangriffe u. a. gegen Bristol und Canterbury. Insgesamt verlieren etwa 28 000 britische Zivilisten ihr Leben.

6. Juni 1944 D-Day: Die Alliierten beginnen von der englischen Südküste aus mit der Invasion in der Normandie.

1952 Elizabeth II. wird nach dem Tod ihres Vaters britische Königin.

1982 In Portsmouth sticht die britische Flotte in See, um die Falklandinseln von Argentinien zurückzuerobern.

1994 Eröffnung des Kanaltunnels.

2012 London ist Austragungsort der Olympischen Spiele, die Segelwettbewerbe finden in Weymouth statt.

23. Juni 2016 Beim Brexit-Referendum stimmen 51,9 % für den Austritt Großbritanniens aus der EU.

1. Februar 2020 Der Brexit ist vollzogen: Großbritannien ist nicht mehr Teil der EU.

Darstellung des Tods von König Harold in der Schlacht bei Hastings gegen die Normannen auf dem Teppich von Bayeux

Englisch für die Reise

Das Wichtigste in Kürze

Ja/Nein	*Yes/No*
Bitte/Danke	*Please/Thank you*
Hallo!/Auf Wiedersehen!	*Hello!/Good bye!*
Guten Tag!	*Good morning!/ Good afternoon!*
Guten Abend!/ Gute Nacht!	*Good evening!/ Good night!*
Mein Name ist ...	*My name is ...*
Entschuldigung!	*Excuse me!*
Achtung!/Vorsicht!	*Attention!/Caution!*
Ich verstehe Sie nicht.	*I don't understand you.*
Wie viel kostet ...?	*How much is ...?*
Wo sind die Toiletten?	*Where is the lavatory?*
Damen/Herren	*Ladies/Gentlemen*
geöffnet/geschlossen	*open/closed*
gestern/heute/ morgen	*yesterday/today/ tomorrow*
Wie viel Uhr ist es?	*What time is it?*
Wo ist ...?	*Where is ...?*
Wie weit ist ...?	*How far is ...?*
Ist das der Weg nach ...?	*Is this the way to ... ?*
geradeaus/links/ rechts/zurück	*straight on/left/ right/back*
nah/weit	*near/far*
Nord/Süd/ West/Ost	*north/south/ west/east*
Ich möchte ...	*I would like ...*
Hotel/Unterkunft	*hotel/accommodation*
Gepäck	*luggage*
Frühstück	*breakfast*
Mittagessen	*lunch*
Abendessen	*dinner*
Die Rechnung, bitte!	*The bill, please!*
Restaurant	*restaurant*
Auto	*car*
Parkplatz	*car park/parking space*
Tankstelle	*petrol station*
Benzin/Super/Diesel/ Autogas (LPG)	*petrol/unleaded/diesel/liquid petroleum gas*
Panne	*breakdown*
Hilfe!	*Help!*
Fahrrad	*bicycle*
Hauptbahnhof	*main station*
Bushaltestelle	*bus stop*
Flughafen	*airport*
U-Bahn-Station	*subway station*
Zug	*train*
Schiff/Fähre	*ship/ferry*
Pass/Personalausweis	*passport/ID card*
Bank/Geldautomat	*bank/cashpoint (ATM)*
Polizeistation	*police station*
Arzt	*doctor*
Apotheke	*pharmacy*
Lebensmittelgeschäft	*food store*
Tourismusbüro	*tourist office*
Botschaft	*embassy*

Wochentage

Montag/Dienstag	*Monday/Tuesday*
Mittwoch	*Wednesday*
Donnerstag	*Thursday*
Freitag/Samstag	*Friday/Saturday*
Sonntag	*Sunday*

Monate

Januar/Februar	*January/February*
März/April	*March/April*
Mai/Juni	*May/June*
Juli/August	*July/August*
September	*September*
Oktober	*October*
November	*November*
Dezember	*December*

Zahlen

1	*one*	8	*eight*
2	*two*	9	*nine*
3	*three*	10	*ten*
4	*four*	11	*eleven*
5	*five*	12	*twelve*
6	*six*	100	*a (one) hundred*
7	*seven*	1000	*a (one) thousand*

Alle Blickpunkt-Themen in diesem Band:

Register

Bildnachweis
Titel: Hängebrücke am Towan Beach in Newquay, Cornwall
Foto: **stock.adobe.com** Anna +Moskvina
Rücktitel: links: **Jahreszeiten Verlag** (Georg Knoll); rechts: **Adobe Stock** (Helen Hotson)

Corbis: Neale Clark/Robert Harding World Imagery 40/41 – **Getty Images:** Jason Hawkes 70 – Horst A. Friedrichs 2.1 – **Huber Images:** G. Simeone 8/9; Canali Pietro 14/15; Justin Foulkes 26/27; Pete Goding 31; Maurizio Rellini 51.1; Maurizio Rellini 67; Sebastian Wasek 75; Billy Stock 78; Maurizio Rellini 81; Sebastian Wasek 87 – **Jahreszeiten Verlag:** Gregor Lengler 2.2, 6.2, 7; Georg Knoll 5.2, 9, 144.2; Horst A. Friedrichs 88, 131 – **laif:** Gordon Scammell/Loop Images 25; Craig Joiner/ Loop Images 52; Matthew Williams-Ellis/robertharding 110/111 – **LOOK-foto:** Franz Marc Frei 38; age fotostock 45 – **mauritius images:** imageBROKER/Moritz Wolf 4/5; Axiom Photographic/ Dosfotos 5.1; Alamy 6.3, 82; Paul Quayle/Alamy 10.2; Andrew Duke/Alamy 11.1; Steve Vidler 11.3, 12.2, 22, 32; Carlo Bollo/Alamy 12.1; Steve Vidler/Alamy 13.1, 47; Gapper/Alamy 13.2; PAUL Bradley/ Alamy 13.3; age fotostock/Slawek Staszczuk 17; Ivan Vdovin/Alamy 19; Carolyn Clarke/Alamy 35; Geoff Smith/Alamy 43; travelbild/Alamy 46; robertharding/Peter Barritt 51.2; nature picture library/Guy Edwardes/2020VISION 57; Memento 64; Photicon/Alamy 96; Loop Images/Sebastian Wasek 101; eye35/Alamy 102/103, 109; David Rowland/Alamy 126; Science Source/New York Public Library 136 – **Shutterstock.com:** Helen Hotson 10.1; ian woolcock 58/59; kozer 93.1**;** Bikeworldtravel 114.1; travellight 115 – **stock.adobe.com:** Helen Hotson 6.1; jchizhe 11.2; Uwalthie Pic Project 61; shpak 95; yolfran 116

Zum Zeitpunkt der Drucklegung waren die Auswirkungen von Covid-19 auf das Hotel- und Gastgewerbe vor Ort noch nicht vollständig abzusehen. Bitte informieren Sie sich über die jeweiligen Internetadressen.

Herausgeber: GRÄFE UND UNZER VERLAG GmbH, Postfach 86 03 66, 81630 München
Leitender Redakteur: Benjamin Happel
Autorin: Cornelia Lohs
Verlagsredaktion: Nadia Terbrack (verantw.), Gernot Schnedlitz, Silke Tauscher
Lektorat: Mareike Weber
Satz: Andreas Grassinger, agenturag
Bildredaktion: Iris Kacmarczyk
Schlusskorrektur: Jessika Zollickhofer
Reihengestaltung: Independent Medien Design, Horst Moser, München
Kartografie: Huber Kartographie GmbH, www.kartographie.de;
Kunth Verlag GmbH & Co. KG, München
Herstellung: Mendy Willerich
Druck + Bindung: Drukarnia Dimograf Sp z o.o. (Polen)

Ansprechpartner für den Anzeigenverkauf:
KV Kommunalverlag GmbH & Co. KG, MediaCenter München, Tel. 089/928 09 60

GRÄFE UND UNZER

Ein Unternehmen der
GANSKE VERLAGSGRUPPE

ISBN 978-3-95689-781-8
1. Auflage 2021

Leserservice
adac@graefe-und-unzer.de
Tel. 00800/72 37 33 33 (gebührenfrei in D, A, CH)
Mo–Do: 9–17 Uhr, Fr: 9–16 Uhr

Aus Gründen der besseren Lesbarkeit wird in diesem Buch bei Personenbezeichnungen das generische Maskulinum verwendet. Es gilt gleichermaßen für alle Geschlechter.

Bei Interesse an maßgeschneiderten B2B-Produkten:
roswitha.riedel@graefe-und-unzer.de